••• **Títulos relacionados**

HOTA0208
GESTIÓN DE PISOS Y LIMPIEZA EN ALOJAMIENTOS
[CERTIFICADO COMPLETO]

Solicítalos en: • Librería
• www.paraninfo.es
• Solicitudes nacionales +34 914 463 350
• Solicitudes fuera de España +34 913 308 907, +34 913 308 919

Procesos de lavado, planchado y arreglo de ropa en alojamientos
UF0046

Mª Carmen Mas Muñoz

© 2026 Ediciones Paraninfo, S. A.

© 2026 Mª Carmen Mas Muñoz

Maquetación: Diseño & Control Gráfico

Impresión: Liberdigital (Casarrubuelos, Madrid).
ISBN: 978-84-283-7231-2
Depósito legal: M-2413-2026

Impreso en España

Mª Carmen Mas Muñoz es técnico de empresas y actividades turísticas por la Escuela Oficial de Turismo de Madrid, técnico especialista en Administración Hotelera y técnico auxiliar en Reguiduría de Pisos.

Comenzó su actividad docente en el año 1986 como profesora técnica de la especialidad de Hostelería y Turismo, impartiendo clases de Reguiduría de Pisos, Cocina y Pastelería y Restauración, y durante el periodo que comprendió el desarrollo de las enseñanzas LOGSE obtuvo la habilitación de la Consejería de Educación de la Comunidad de Madrid para impartir el módulo profesional de Reguiduría de Pisos.

A lo largo de su trayectoria docente ha participado en numerosos proyectos educativos como Atenea, Comenius, Petra-II y el programa piloto European Teacher Placement, entre otros. Ha ejercido cargos de jefa de departamento, profesora-tutora, representante del sector de profesores del consejo escolar de centros educativos, consejera del CPR Madrid Centro y representante de profesores en el CAP Madrid Centro.

Durante los últimos años de su carrera profesional ha impartido, entre otros, el módulo de Gestión del Departamento de Pisos del ciclo formativo de grado superior Alojamientos Turísticos, en la Escuela Superior de Hostelería y Turismo de Madrid.

Índice

Introducción normativa

La Ley Orgánica 3/2022, de 31 de marzo, de ordenación e integración de la Formación Profesional, contiene una disposición derogatoria única que afecta a la regulación de los certificados de profesionalidad, ahora denominados **Certificados Profesionales.** La referida normativa deroga la Ley Orgánica 5/2002, de 19 de junio, de las Cualificaciones y de la Formación Profesional, y abre un escenario de cambios que se irá implementando progresivamente.

La Ley Orgánica 3/2022, de 31 de marzo, de ordenación e integración de la Formación Profesional implica que toda la formación es acumulable. La oferta formativa se estructura de forma escalonada, siendo los Certificados Profesionales un nivel intermedio (Grado C) de una escala que va desde el Grado A hasta el E.

En los artículos 35 a 38 de la Ley 3/2022 se describe en qué consisten estos Certificados Profesionales: su oferta, formación asociada, estructura, duración, acceso, titulación y validez. Posteriormente, esta normativa se completa con lo dispuesto en el Real Decreto 659/2023, de 18 de julio, que desarrolla la ordenación del sistema de Formación Profesional. Concretamente en los artículos 67 a 81 es donde se hace referencia a la oferta formativa de Grado C, correspondiente a los Certificados Profesionales.

Están agrupados en 26 familias profesionales con características comunes del sector. En la actualidad hay más de medio millar de Certificados Profesionales incluidos en el Repertorio Nacional. Esta cifra no deja de crecer. Además, cada certificado está específicamente regulado por un real decreto.

Un Certificado Profesional corresponde al Grado C de la oferta del Sistema de Formación Profesional. Es un documento oficial, con validez en todo el territorio nacional y debe constar en el Catálogo Nacional de Ofertas de Formación Profesional, que certifica la capacitación para el desarrollo de una actividad profesional.

Debe detallar los módulos profesionales superados y los estándares de competencia profesional asociados a él e incluidos en el **Catálogo Nacional de Estándares de Competencias Profesionales**, así como su correspondencia con el Marco Español de Cualificaciones.

Despliegan su validez en un doble ámbito, laboral y académico:

- En el contexto laboral tienen validez profesional, porque acreditan las competencias en una determinada profesión. Para poder trabajar en algunas profesiones, se exigen determinadas cualificaciones, y los certificados sirven para acreditarlas.

- Asimismo, tienen validez académica, puesto que permiten continuar un itinerario formativo siempre que se cumplan los requisitos de acceso para cursar la titulación deseada. De tal modo que, los Certificados Profesionales que sean parte de un Grado D permitirán la matrícula modular para completar los módulos establecidos en el currículo y obtener el correspondiente título de técnico básico, técnico o técnico superior con validez en todo el territorio nacional.

Para obtener un Certificado Profesional (Grado C) es preciso cumplir con los requisitos de acceso para realizar la formación.

Estructura de los Certificados Profesionales

I. Identificación: denominación, familia y área profesional a la que pertenecen; nivel de cualificación profesional (1, 2 o 3); cualificación profesional de referencia; entorno profesional y módulos formativos que esté previsto cursar junto con la duración de cada uno de ellos.

II. Perfil profesional: incluye las competencias profesionales requeridas en el mercado laboral. En todas ellas se concretan las realizaciones profesionales y los criterios de realización.

III. Formación: describe los módulos formativos que esté previsto cursar para adquirir las competencias requeridas. En cada uno de ellos se indican las capacidades que se pretenden alcanzar y la duración del módulo de prácticas no laborales —PNL—, para el que cabe solicitar exención si se cumplen determinados requisitos.

IV. Prescripciones de las personas formadoras.

V. Requisitos mínimos de espacios, instalaciones y equipamiento.

Los Certificados Profesionales se identifican con una denominación concreta y un código alfanumérico propio, y sirven para acreditar una determinada cualificación profesional. Cada certificado está asociado a una relación de unidades de competencia que, a su vez, se vinculan con una serie de módulos formativos específicos. Algunos módulos están integrados por unidades formativas y tanto unos como otras son, en ocasiones, transversales, lo que significa que se trata de contenidos incluidos en más de un Certificado Profesional.

Los Certificados Profesionales se articulan en tres niveles de competencia profesional (1, 2 y 3) conforme a lo dispuesto en el que será el Catálogo Nacional de Estándares de Competencias Profesionales, anteriormente Catálogo Nacional de Cualificaciones Profesionales (CNCP), según los criterios establecidos de conocimientos, iniciativa, autonomía y complejidad de las tareas, en cada una de las ofertas de Formación Profesional.

La oferta formativa dirigida a la obtención de los Certificados Profesionales tiene carácter modular para favorecer la acreditación parcial acumulable de la formación recibida y posibilitar así el avance en el itinerario de Formación Profesional para cualquiera que sea la situación laboral de cada persona en cada momento.

En definitiva, el Grado C constituye la oferta, parcial y acumulable, del sistema de Formación Profesional, de varios módulos profesionales del catálogo modular de Formación Profesional por razón de su significado en el mercado laboral y conducente a la obtención de un Certificado Profesional.

Las ofertas de Grado C de Formación Profesional tendrán por objeto módulos profesionales incluidos previamente en el catálogo modular de formación profesional y asociados al Catálogo Nacional de Estándares de Competencias Profesionales.

Finalidad de los Certificados Profesionales

- Contribuir a la ordenación de un Sistema de Formación Profesional al servicio de un régimen de formación y acompañamiento profesionales que sea capaz de responder con flexibilidad a los intereses, expectativas y aspiraciones de cualificación profesional de las personas a lo largo de su vida.

- Combinar escuela y empresa situando a la persona en el centro del sistema.

- Facilitar el aprendizaje permanente de toda la ciudadanía mediante una formación abierta, flexible y accesible, estructurada de forma modular, a través de la oferta formativa asociada al certificado.

- Acreditar las cualificaciones profesionales o las unidades de competencia recogidas en estas, independientemente de su vía de adquisición, bien sea través de la vía formativa, o mediante la experiencia laboral o vías no formales de formación.

- Favorecer, tanto en el ámbito nacional como europeo, la transparencia del mercado de trabajo.

- Contribuir a la calidad de la oferta de Formación Profesional.

Este libro

El presente libro desarrolla la Unidad Formativa denominada «Procesos de lavado, planchado y arreglo de ropa en alojamientos», UF0046.

Dicha unidad formativa está asociada a la Unidad de Competencia UC1068_3, forma parte del módulo formativo MF1068_3 «Control de procesos en pisos» perteneciente a la Cualificación Profesional de referencia HOT333_3, de nivel 3, incluida en el Certificado Profesional denominado «Gestión de pisos y limpieza de alojamientos», dentro de la familia profesional Hostelería y turismo.

Según el Real Decreto 1376/2008, de 1 de agosto, modificado por el Real Decreto 619/2013, de 2 de agosto, los contenidos que en esta obra se recogen se corresponden con una duración de 60 horas.

Tanto la estructura como el desarrollo del libro se ajustan al citado real decreto y más concretamente a los contenidos de la Unidad Formativa que le da título «Procesos de lavado, planchado y arreglo de ropa en alojamientos».

Contenido

1. **Análisis, ejecución y control de los procesos de lavado de ropa**
   - Lavandería en el departamento de pisos.
     — Organización y funcionamiento del departamento.
     — La lavandería industrial.
     — Local e instalaciones de lavandería.
   - Selección y control de uso de equipos, máquinas y útiles propios de lavado de ropa.
     — Productos específicos.
     — Análisis y evaluación de productos, rendimientos y riesgos en su utilización.
     — Equipos, maquinaria, útiles y herramientas, mantenimiento de uso y normas de seguridad en su utilización.
     — Procedimientos de búsqueda y tratamiento de proveedores.
   - Análisis y evaluación de los sistemas, procesos y métodos de lavado de ropa.
     — Aplicaciones de los equipos y materiales básicos.
     — Técnicas de lavado y escurrido, descripción, aplicación y control.

- Tipos de agua en función de sus aplicaciones y medidas correctivas que se deben emplear en cada caso.
- Productos químicos.
- Temperatura.
- Tipos de suciedad.
- Análisis de los tipos de agua en función de sus aplicaciones y medidas correctivas que se deben emplear en cada caso.
- Ropa de clientes, clasificación y tratamiento.
- Prendas y complementos.
- Características, acabados y comportamientos de los tejidos.
- Procesos de secado de la ropa.
- Presentación de ropas.
- Procedimientos para baja y descartes.
- Procedimientos de transmisión de órdenes, ejecución y control de resultados.
- Almacenamiento y distribución de ropa lavada.
- Control del cumplimiento de las normas de seguridad e higiene en los procesos de lavado de ropa.
  - Aplicación de normas, técnicas y métodos de seguridad en los procesos.
  - Condiciones específicas de seguridad e higiénico-sanitarias que deben reunir los locales, las instalaciones, el mobiliario, los equipos y el material utilizados.
  - Prohibiciones.

2. Análisis, ejecución y control de los procesos de planchado de ropa

- Plancha en el departamento de pisos.
  - Organización y funcionamiento del departamento.
  - Local e instalaciones de planchado.
- Selección y control de uso de equipos, máquinas y útiles propios de planchado de ropa.
  - Productos específicos.
  - Análisis y evaluación de productos, rendimientos y riesgos en su utilización.

- — Equipos, maquinaria, útiles y herramientas, mantenimiento de uso y normas de seguridad en su utilización.
- — Procedimientos de búsqueda y tratamiento de proveedores.
- Análisis y evaluación de los sistemas, procesos y métodos de planchado de ropa.
  - — Aplicaciones de los equipos y materiales básicos.
  - — Procedimientos de transmisión de órdenes, ejecución y control de resultados.
  - — Almacenamiento y distribución de ropa planchada.
- Control del cumplimiento de las normas de seguridad e higiene en los procesos de planchado de ropa.
  - — Aplicación de normas, técnicas y métodos de seguridad en los procesos.
  - — Condiciones específicas de seguridad e higiénico-sanitarias que deben reunir los locales, las instalaciones, el mobiliario, los equipos y el material utilizados.
  - — Prohibiciones.

3. **Análisis, ejecución y control de los procesos de arreglo de ropa**
- El arreglo de ropa en el departamento de pisos.
  - — Organización y funcionamiento del departamento.
  - — Local e instalaciones de cosido y arreglo de ropa.
- Selección y control de uso de equipos, máquinas y útiles propios de cosido y arreglo de ropa.
  - — Materiales específicos.
  - — Análisis y evaluación de materiales, rendimientos y riesgos en su utilización.
  - — Equipos, maquinaria, útiles y herramientas, mantenimiento de uso y normas de seguridad en su utilización.
  - — Procedimientos de búsqueda y tratamiento de proveedores.
- Análisis y evaluación de los sistemas, procesos y métodos de cosido y arreglo de ropa.
  - — Aplicaciones de los equipos y materiales básicos.
  - — Procedimientos de transmisión de órdenes, ejecución y control de resultados.
  - — Almacenamiento y distribución de ropa cosida.

- Control del cumplimiento de las normas de seguridad e higiene en los procesos de cosido y arreglo de ropa.
  — Aplicación de normas, técnicas y métodos de seguridad en los procesos.
  — Condiciones específicas de seguridad e higiénico-sanitarias que deben reunir los locales, las instalaciones, el mobiliario, los equipos y el material utilizados.
  — Prohibiciones.

■ Nota del Editor

En Ediciones Paraninfo estamos comprometidos con la calidad de la formación e intentamos que nuestros materiales respondan fielmente y con rigor a las necesidades de todos cuantos confían en nuestro sello editorial.

Tratamos de dar respuesta a los currículos de las unidades formativas y de los módulos que integran los distintos Certificados Profesionales, equilibrando la parte teórica con la práctica para que los procesos de aprendizaje se conviertan en experiencias gratificantes, tanto para docentes como para las personas inmersas en los procesos formativos.

Nuestros objetivos son contribuir de forma decisiva a afianzar aprendizajes, ayudar a adquirir destrezas que tengan significado para el empleo y conseguir potenciar el desarrollo personal.

Para lograrlo contamos con excelentes autores, expertos en las materias que abordan, en la mayoría de los casos docentes de dichas especialidades con dilatada experiencia tanto profesional como académica, porque buscamos perfiles familiarizados con los contextos laborales concretos a los que se refieren nuestros manuales.

Confiamos en poder serte de ayuda y esperamos tus impresiones acerca de nuestro trabajo. Sean positivas o negativas, serán muy bien recibidas y, sin duda, nos ayudarán a seguir mejorando y trabajando con ilusión para continuar siendo un referente en formación para el empleo.

Agradecemos tu confianza en nuestros manuales. Todo nuestro equipo queda a tu total disposición. Puedes contactar con nosotros en esta dirección de correo electrónico:

info@paraninfo.es

1. Análisis, ejecución y control de los procesos de lavado de ropa

Contenido

En la presente unidad vamos a analizar todos los aspectos relacionados con la lavandería integral de un establecimiento dedicado al alojamiento. Si bien haremos mención a la lavandería industrial, consideramos que sería excesivo orientar los contenidos hacia dicha tipología, ya que el presente manual va destinado a gestores o encargados de establecimientos dedicados al alojamiento, es decir, al hospedaje.

1.1. Lavandería en el departamento de pisos

La lavandería es una de las dependencias del área lavandería-lencería perteneciente al departamento de pisos. En ella se realizan todos los procedimientos necesarios para higienizar la ropa que, posteriormente, pasará a la lencería, donde se almacena y distribuye al resto de departamentos y áreas del establecimiento. No podemos hablar de la lavandería como subdepartamento o dependencia independiente, ya que guarda una estrecha relación con la lencería.

Los procedimientos generales que se desarrollan en la lavandería son los siguientes:

- Recepción, recuento y clasificación de la ropa sucia.

- Lavado y centrifugado.

- Secado.

- Planchado.

- Plegado y empaquetado si procede.

La lavandería, junto a la lencería, cumple tanto funciones de soporte como de producción.

De soporte, ya que se encarga de la limpieza, preparación y suministro de ropa de cama y baño para las habitaciones, ropa de sala y cocina, uniformes de personal y lavado y mantenimiento de todos aquellos elementos textiles empleados en decoración (cortinas, alfombras, etc.).

De producción, ya que se encarga del tratamiento de ropa de clientes, siendo una fuente de ingresos importante que tener en cuenta.

1.1.1. Organización y funcionamiento del departamento

La organización del subdepartamento de lavandería depende del tipo de establecimiento. Hoy en día, por cuestiones de rentabilidad, se tiende a externalizar el servicio, transformando el espacio que ocupan las instalaciones en salones o habitaciones.

Cuando por razones de rentabilidad se opta por la externalización de los servicios, podemos encontrarnos con varios sistemas:

- **Lavado exterior, subcontrata u *outsoursing*:** el tratamiento de la ropa generada por el establecimiento (sábanas, toallas, manteles, servilletas, etc.) lo realiza una empresa especializada y externa. En la mayoría de los casos, y por cuestiones de calidad y control, la ropa de clientes suele ser tratada en el propio establecimiento hotelero (sistema mixto). Las empresas pequeñas externalizan todo el servicio de lavado, tanto de la ropa propia como la de clientes. Los tratamientos de tintorería, tanto de clientes como del propio establecimiento, siempre son realizados por una empresa especializada y externa.

- **Sistema mixto:** el establecimiento realiza el tratamiento de lavado de ropa de clientes y alguna propia, como, por ejemplo, toallas o uniformes de personal, encargando a una empresa externa el tratamiento del resto de ropa. Externalizar la totalidad del servicio de lavado depende de la política de la empresa, ya que muchas prefieren garantizar la prestación del servicio realizando ellas mismas el proceso aunque el coste sea mayor.

- ***Renting o leasing:*** en este caso, no solo se alquila la ropa de habitaciones y restauración (restaurante, banquetes, etc.), sino que la misma empresa de alquiler se encarga del tratamiento de esta. Algunas empresas de *renting-leasing* de textil ofrecen la posibilidad de personalizar la ropa con el logotipo de la empresa que solicita sus servicios. En este último caso, existe un contrato de permanencia que garantice a la empresa suministradora el beneficio esperado. Este sistema tiene la ventaja de no tener que hacer una gran inversión en la puesta en marcha del establecimiento, sin embargo, en momentos puntuales, cuenta con el inconveniente de no disponer de la ropa adecuada y necesaria para prestar el servicio o que la ropa no se encuentre en condiciones óptimas de calidad según los criterios de la empresa.

Dependiendo de las dimensiones y la categoría del establecimiento, del volumen de ropa sucia que se genera y si se dispone de lavandería propia, o no, podemos encontrar diversos tipos de organización.

En un principio, si el área de lavandería-lencería cuenta con una plantilla y dimensiones grandes, nos encontraremos ante un subdepartamento bajo las órdenes de un encargado o encargada de sección, cuyo trabajo siempre estará supervisado por la gobernanta general. Hoy en día, se tiende a la polivalencia, sin embargo, cuando el departamento cuenta con gran volumen de trabajo es conveniente la especialización. La extinta Ordenanza Laboral de Hostelería hacía mención a las especialidades de lencera, planchadora, costurera, lavandera y zurcidora. Desde que se firmó el primer Acuerdo Laboral de Ámbito Estatal para el sector de Hostelería, dichos puestos de trabajo están ocupados por camareros y camareras de pisos con funciones de lavandería y lencería. Siguiendo en la línea de comprender y explicar la evolución de los puestos de trabajo, nos queda hablar del mozo de lavandería, cuya categoría profesional aparecía recogida en la extinta Ordenanza Laboral de Hostelería y que hoy en día equivale al auxiliar de pisos y limpieza según el ALEH.

En el Cuadro 1.1 se muestra una tabla de correspondencias entre las antiguas y nuevas categorías profesionales del área de pisos y limpieza.

CUADRO 1.1. CORRESPONDENCIAS, APROBADO EN FECHA 9 DE ABRIL DE 1997, DE LAS ANTIGUAS CATEGORÍAS PROFESIONALES A LAS CONTENIDAS EN LOS ACTUALES GRUPOS PROFESIONALES DEL ALEH EN VIGOR, TANTO PROCEDENTES DE LA EXTINTA ORDENANZA DE TRABAJO PARA LA INDUSTRIA DE HOSTELERÍA COMO LAS QUE PUDIERAN FIGURAR EN LOS CONVENIOS COLECTIVOS DE ÁMBITO INFERIOR		
Área funcional cuarta. Pisos y limpieza		
Categorías de la extinta Ordenanza laboral de hostelería	Categorías profesionales del ALEH	Grupo profesional
Encargada general o gobernanta de primera	Gobernante o encargado general	1 Mandos
Gobernanta de segunda Encargada de lencería Encargada de lencería o lavadero	Subgobernante o encargado de sección	1 Mandos
Camarera de pisos Lencera Planchadora, costurera, lavandera y zurcidora	Camarero de pisos	2 Técnicos y especialistas
Personal de limpieza Limpiadora Mozo de habitación Mozo de lavandería	Auxiliar de pisos y limpieza	3 Asistente

A continuación, vamos a exponer y remarcar las actividades, trabajos y tareas de las categorías profesionales relacionadas con el área de Lavandería-Lencería que aparecen reflejadas en el V Acuerdo Laboral de Ámbito Estatal (ALEH) para el sector de Hostelería.

- **Encargado general:**
  - — Realizar de manera cualificada la dirección, control y seguimiento del conjunto de tareas que componen el servicio de pisos, áreas públicas, áreas internas, lavandería y lencería, controlando y supervisando los servicios de lavandería, planchado y costura, asimismo, es responsable de la organización del personal a su cargo.
  - — Organizar, dirigir y coordinar el personal a su cargo.
  - — Dirigir y planificar el conjunto de actividades de su área.
  - — Dirigir, supervisar y controlar las compras y existencias de ropa blanca, productos de mantenimiento y limpieza.
  - — Encargarse del control e inventario de mobiliario, enseres y materiales de las habitaciones y organización del trabajo de servicio de pisos, áreas públicas, internas y lavandería.
  - — Elaborar las estadísticas e informes de su área a la dirección del hotel y otros departamentos, así como la dirección de la formación del personal a su cargo.
- **Encargado de sección:**
  - — Ejecutar de manera cualificada, autónoma y responsable, las tareas relativas a los pisos, áreas públicas, áreas internas, lencería y lavandería.
  - — Seleccionar los productos de mantenimiento y limpieza para el uso diario.
  - — Participar en estadísticas y elaborar informes en relación con las tareas propias de su área.
- **Camarero de pisos:**
  - — Realizar las labores propias de lencería y lavandería.
- **Auxiliar de pisos y limpieza:**
  - — Realizar labores auxiliares.

Dado que el ALEH no especifica las tareas concretas que hay que realizar por cada una de las categorías profesionales, sino que lo hace de manera enunciativa y no excluyente, vamos a poner un ejemplo orientativo, pudiendo variar según el tipo de organización de la empresa.

CUADRO 1.2. EJEMPLO DE TAREAS PROPIAS CORRESPONDIENTES A CADA CATEGORÍA PROFESIONAL RELACIONADAS CON LA LAVANDERÍA INTEGRAL DE UN ESTABLECIMIENTO DE ALOJAMIENTO	
Encargada de lavandería-lencería	En líneas generales, es la persona que gestiona y dirige el área de lavandería-lencería de manera autónoma e independiente, siempre supervisada por la gobernanta general. Se encarga de: • Confeccionar horarios y turnos del personal a su cargo. • Organizar, planificar y distribuir el trabajo que hay que realizar por el personal a su cargo. • Revisar que los procesos que se desarrollan en el departamento son los correctos. • Supervisar el correcto estado y funcionamiento de la maquinaria del departamento. • Tramitar las posibles reparaciones de averías y su control. • Controlar y custodiar los *stocks* de lencería del establecimiento. • Controlar las entradas y salidas de ropa del establecimiento y uniformes de personal. • Controlar los consumos y gastos imputables a su departamento. • Controlar el correcto tratamiento de ropa de clientes y en algunos casos muy especiales planchará la misma. Realizará además las facturas de ropa de cliente y el cuadre con recepción. • Dirigir la realización periódica de inventarios de ropa y elaborar estudios de posibles desviaciones. • Proponer la compra de lencería, maquinaria y productos, y elaborar, junto a la gobernanta, presupuestos. • Informar diariamente a la gobernanta de las actividades desarrolladas en el departamento, incidencias, etc.
Camarera de pisos con funciones de lavandera-planchadora	Se encarga de: • Recoger la ropa sucia de los distintos departamentos o áreas en caso de que no lo haga el personal correspondiente a los mismos o el mozo o *valet*. • Recibir la ropa sucia, comprobar su estado y contar, comprobando que cuadra correctamente con el vale de entrega de ropa sucia. • Clasificar la ropa. • Pesar la ropa y cargar las máquinas lavadoras en caso de que no exista la figura de mozo en el departamento. • Iniciar el proceso de lavado en máquina según instrucciones y comprobar su correcto funcionamiento. • Descargar la ropa limpia de la máquina lavadora si no existe mozo o auxiliar, depositarla en cubetas y cargar la máquina secadora. • Iniciar el proceso de secado en máquina.

(Continúa en la siguiente página)

CUADRO 1.2. EJEMPLO DE TAREAS PROPIAS CORRESPONDIENTES A CADA CATEGORÍA PROFESIONAL RELACIONADAS CON LA LAVANDERÍA INTEGRAL DE UN ESTABLECIMIENTO DE ALOJAMIENTO	
Camarera de pisos con funciones de lavandera-planchadora	• Descargar la ropa seca o ligeramente seca y colocarla debidamente clasificada para su planchado posterior. • Planchar la ropa lisa en rodillo o calandra. • Planchar la ropa de forma con plancha a vapor. • Desechar la ropa en mal estado clasificándola para costura, baja o eliminación de manchas. • Doblar la ropa según estándares. • Realizar operaciones simples de mantenimiento preventivo de la maquinaria a su cargo, como limpieza de filtros de máquinas secadoras, purgado de planchas manuales, etc. • Trasladar ropa a la lencería. • Limpiar las instalaciones de la lavandería.
Camarera de pisos con funciones de lencera	Se encarga de: • Realizar tareas de costura o arreglo de ropa y zurcido. • Doblar la ropa que no se trate en la lavandería. • Recepcionar la ropa limpia proveniente de la lavandería y colocarla en las estanterías o armarios según estándares. • Entregar la ropa limpia según vales de petición. • Recoger, tratar y entregar la ropa de clientes. • Realizar operaciones simples de mantenimiento preventivo de la maquinaria a su cargo como engrasado de máquinas de coser, etc. • Entregar y recepcionar la ropa proveniente de empresas externas. • Limpiar las instalaciones donde desarrolla su trabajo. • Confeccionar la ropa básica. Esta tarea está en desuso, sin embargo, todavía podemos encontrar algunos establecimientos donde se desarrolla. • Etcétera.
Auxiliar de pisos y limpieza con funciones de mozo de lavandería	Se encarga de: • Recoger y entregar la ropa sucia y limpia de los diversos departamentos. • Colaborar en la clasificación de la ropa. • Pesar la ropa, y cargar y descargar la máquina lavadora y la secadora. • Trasladar carros de ropa húmeda y seca. • Colaborar en el plegado de ropa pesada. • Realizar limpiezas generales. • Etcétera.

Volviendo a la organización del subdepartamento de lavandería, y siempre hablando de él como parte del área de lavandería-lencería, ya hemos expuesto lo que sería un gran departamento, cuyo organigrama reflejamos a continuación:

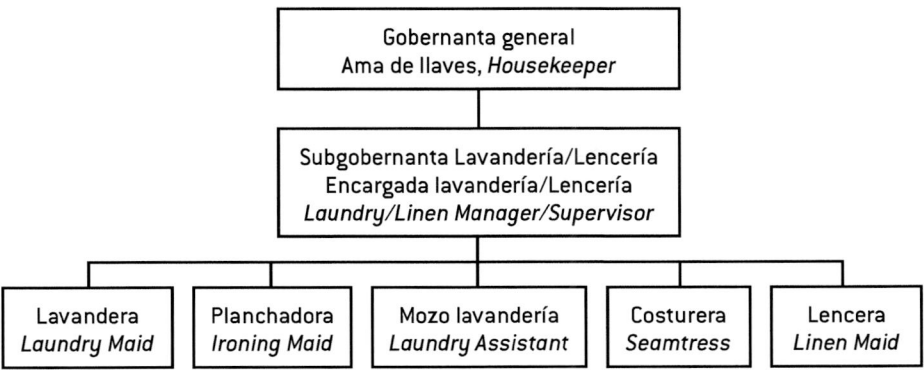

Figura 1.1. Organigrama área de lavandería y lencería de grandes dimensiones.

Un establecimiento que tenga externalizado todo o parte del servicio de lavandería simplemente tiene que contar con una o varias camareras con funciones de lavandera-lencera, cuyas tareas que deben desarrollar pueden ir desde el lavado y planchado de ropa de clientes y/o lavado de ropa de baño del establecimiento a, simplemente, el control de entradas y salidas, y la supervisión de la ropa que se envía al exterior.

Organización de los turnos, horarios, libranzas y vacaciones del personal de lavandería-lencería

Para establecer la plantilla y turnos del departamento, debemos tener en cuenta:

- Los servicios que se prestan en el establecimiento y sus horarios. Es decir, frecuencia de cambio de ropa, servicio de lavado y planchado de ropa de clientes, servicio de restaurante-bar y banquetes, limpieza de ropa de personal, etc.

- El promedio de kilogramos de ropa sucia que se genera, tanto diaria como semanal, mensual y anualmente. Es uno de los puntos más importante que hay que tener en cuenta a la hora de calcular las dotaciones de equipos y personal.

- La cantidad de ropa que pueden lavar, secar y planchar las máquinas con las que contamos en un promedio de una hora.

- *Stock* de ropa con la que contamos.

- Si contamos con lavandería integral o externa. A mayor externalización, menor número de empleados.

Las lavanderías de los establecimientos de alojamiento suelen tener su actividad principal por la mañana. En el turno de tarde o noche no es preciso tener mucho personal si en el turno de mañana se ha realizado todo el trabajo.

No se puede establecer un número de empleados determinado, ya que todo depende mucho de la organización del establecimiento. Sin embargo, empresas especializadas recomiendan una productividad mínima por persona de 125 kg/turno, pudiendo llegar en algunos casos a los 300 kg/turno si la planificación es correcta, el tratamiento de ropas es sencillo y poco variado, y si la maquinaria cuenta con mecanismos que reduzcan los procesos manuales. A mayor número de empleados, la productividad aumenta, ya que cada trabajador puede desarrollar una tarea concreta (lavado, plancha, plegado, etc.) sin pérdidas de tiempo. Toda jornada de trabajo requiere unos tiempos de pausa y descanso que hay que tener en cuenta.

En cuanto a los días libres, dos consecutivos, se elegirá el que menos actividad productiva tiene, rotando si es necesario. Las vacaciones se suelen dar en épocas de baja ocupación.

Supongamos que en un establecimiento de servicios de alojamiento se generan diariamente 800 kg de ropa sucia. Si cada trabajador realiza el proceso completo (lavado, secado, planchado y plegado) de 200 kg totales por turno, necesitaremos 4 trabajadores en plantilla. Posteriormente, calcularemos la plantilla total, ya que cada empleado trabaja como media 225 días al año, aunque varía según convenios. Si precisamos 4 trabajadores los 365 días del año, y cada empleado trabaja 225 días al año, realizaremos la siguiente operación 4 × 365 / 225, dando como resultado 6,48, es decir, necesitaremos seis empleados a jornada completa y uno a tiempo parcial en plantilla para cubrir diariamente cuatro turnos.

Planificación de tareas del departamento de lencería

La encargada general debe planificar bien el trabajo del personal a su cargo, teniendo en cuenta la ocupación diaria, semanal, mensual y anual.

Existen planificaciones de tareas periódicas como es el lavado y puesta a punto de ropa de cambio no frecuente, mantas, cortinas, visillos, etc., que se organizarán en épocas de baja ocupación.

Aunque la planificación diaria de trabajo se tenga prevista, existen contingencias que nos hacen variar la misma, como, por ejemplo, una ocupación imprevista, huelgas y enfermedades del personal, averías de máquinas, etc. La encargada debe tener la capacidad de resolver rápidamente las incidencias.

Diariamente, se planificará el trabajo de los empleados, teniendo en cuenta la prioridad de tareas que se deben realizar y la consecución lógica de las tareas, repartiendo las tareas que se deben realizar de manera equilibrada.

A la hora de distribuir las tareas, tendremos en cuenta, además del personal con el que contamos:

- El tiempo que tardan las máquinas en realizar el proceso de lavado y secado. El proceso de lavado será el que marque el ritmo de trabajo y tendrá prioridad ante los demás. Durante el tiempo que emplea la maquinaria en realizar el proceso de lavado y secado se programarán tareas alternativas, sobre todo al inicio de la jornada, ya que posteriormente se trata de una cadena continuada.

- La clasificación de la ropa y preparación de lotes para el lavado. Si la recogida de la ropa sucia y entrega de la limpia se realiza al final de la jornada de trabajo y, además, podemos dejar preparados los lotes de lavado para el día siguiente, adelantaremos el inicio del programa de lavado.

- Todo proceso de lavado-secado-planchado-plegado de la ropa es una cadena consecutiva que tiene que estar bien planificada. Hay que evitar tiempos muertos. Siempre trabajaremos en equipo coordinado y en cadena.

- Nunca iniciaremos un proceso si no contamos con la ropa suficiente para llenar o calentar las máquinas por el coste elevado que supone.

1.1.2. La lavandería industrial

Las lavanderías se clasifican según su producción, así podemos encontrar las siguientes clases:

TIPO DE LAVANDERÍA	KG ROPA/DÍA
Pequeñas lavanderías/tintorerías	Inferior a 200
Lavanderías incluidas en el sector servicios, como, por ejemplo, establecimientos hoteleros	De 100 a 500
Lavanderías industriales: • De baja producción • De media producción • De alta producción	Inferior a 1000 De 1000 a 4000 Superior a 4000

En esta unidad vamos a centrarnos en las lavanderías integrales de los establecimientos de alojamiento, ya que desarrollar las características, maquinaria, procesos, etc. de una lavandería industrial no tendría mucho sentido, dado que la unidad se refiere a la lavandería en el departamento de pisos.

Calcular la producción diaria de las lavanderías que forman parte del sector servicios, concretamente las de los establecimientos hoteleros, es muy complicada, ya que depende mucho de la ocupación.

Las lavanderías integradas en establecimientos de servicios suelen estar situadas en los sótanos de los edificios, aunque podemos encontrar algún caso en que se encuentren en la azotea. Los locales suelen ocupar una media de cien a doscientos metros cuadrados y la plantilla no suele ser superior a doce empleados.

El equipamiento básico suele estar compuesto de una o dos lavadoras industriales de gran capacidad, alguna de menor capacidad y una doméstica. Una o dos secadoras, una calandra y otra maquinaria complementaria como plegadora, apiladora y planchadora.

La energía que emplean es principalmente eléctrica aunque nos podemos encontrar calderas a gas o gasóleo C que aportan calor a las lavadoras y calandras, produciendo vapor o calentando aceite térmico.

Para calcular la rentabilidad de una lavandería integral son muchos los aspectos que hay que tener en cuenta. Para hallar el coste de lavado/planchado/secado por kilogramo de ropa debemos tener en cuenta:

- La inversión en ropa. No solo hay que calcular la inversión en ropa, sino la duración de la misma. La ropa tiene una duración relativamente corta, a la que hay que sumar pérdidas y deterioros por mal uso.

- La inversión en maquinaria, a lo que hay que sumar la amortización de la misma, las posibles averías y el coste de mantenimiento.

- El coste del consumo de agua de las lavadoras.

- El coste del consumo de energía de toda la maquinaria de lavandería.

- El coste de productos de lavado por kilo de ropa.

- El coste de personal.

- Otros costes como útiles y herramientas, material complementario, etc.

Las lavanderías industriales son grandes empresas que tienen implantados sistemas de gestión de ámbito global.

Sus clientes son muy diversos, desde hoteles y restaurantes a hospitales.

Suelen estar situadas en polígonos industriales donde ocupan naves que pueden llegar a los dos mil metros cuadrados de superficie. El número de empleados es superior a veinte, llegando a setenta u ochenta en algunos casos.

Las máquinas que se emplean en estas instalaciones son muy complejas. El equipamiento suele estar compuesto de un túnel de lavado continuo, dos lavadoras de gran capacidad (de hasta 200 kg), una prensa situada al final del túnel de lavado, un túnel de secado de uniformidad, varias lavadoras más pequeñas, varias secadoras, dos calandras con sus correspondientes dobladoras y apiladoras y maquinaria más pequeña como desmanchadoras, planchadoras, empaquetadoras, etc.

Cuentan con descalcificadores de agua y generadores de aire comprimido.

En cuanto a la energía, tienen que disponer de generadores de alta tensión y emplean calderas de gas, electricidad o gasóleo al igual que las lavanderías de los establecimientos de alojamiento.

El suministro de agua tiene que estar garantizado, así que suelen contar con grandes depósitos de agua y sistemas de bombeo.

1.1.3. Local e instalaciones de lavandería

El local de lavandería en establecimientos hoteleros, y, como ya hemos comentado anteriormente, suele estar situado en los sótanos de los mismos, tiene que tener una superficie adecuada al volumen de trabajo. Así, por ejemplo, para procesar 45 kg de ropa limpia a la hora, y con un solo operario, bastaría una superficie de 34 metros cuadrados. El ejemplo mencionado se refiere a una lavandería pequeña y con un solo operario que no cuenta con lencería y otras pequeñas dependencias necesarias para la prestación del servicio. Sin embargo, como ya hemos comentado, la lavandería y lencería funcionan conjuntamente. Para calcular aproximadamente las dimensiones totales en metros cuadrados que debe tener el local destinado a lavandería-lencería, multiplicaremos el número total de kilogramos de ropa a procesar por día y turno por un factor de 0,8 a 1. Así, por ejemplo, en un establecimiento o local donde se generan 500 kg de ropa sucia al día, y en el cual hay establecidos dos turnos de trabajo, necesitará unos 200 m^2 de espacio. En aquellos establecimientos de alta categoría, donde se cambia toda la ropa de cama y baño a diario, se estipula que un cliente genera, de media, unos 5 a 6 kg de ropa sucia diaria. Sin embargo, en establecimientos de menor categoría, donde el cambio de ropa se realiza con menor frecuencia, se estipula que la media diaria es de uno a dos kilogramos de ropa sucia por cliente. Estos datos nos ayudarán al cálculo de las dimensiones necesarias, teniendo en cuenta la ocupación media en el caso de un establecimiento de alojamiento.

En cuanto a las condiciones de las instalaciones, se precisa una serie de requisitos como:

- **Los suelos:** serán continuos, antideslizantes y de fácil limpieza. Tienen que estar dotados de rejillas para la evacuación de agua proveniente de derrames o condensación y, además, tienen que estar provistos de ángulos de inclinación hacia las mismas para evitar la formación de charcos.

- **Los paramentos:** se aconseja que las paredes estén alicatadas hasta el techo para que el vapor se condense en ellas y, así, facilitar su limpieza. Preferiblemente de color blanco y resistentes. Las esquinas y paredes estarán protegidas de posibles golpes de carros.

- **Los techos:** deben ser lo más altos posibles para evitar ambientes cargados. Se recomienda que tengan 3,5 metros de altura para lavanderías convencionales y 5 metros para lavanderías con túnel de lavado y secado. La pintura de los techos tendrá que ser resistente a la humedad y, así, evitar la aparición de moho.

- **Las puertas:** abatibles, transparentes total o parcialmente con visibilidad hacia la zona donde accedemos y preferiblemente de PVC. Sin peligro de roturas.

- **La recepción de ropa:** se procurará instalar tolvas o toboganes con caída a la zona de recepción y clasificación de ropa para facilitar la entrega de la misma. Las tolvas dispondrán de normas de seguridad en su apertura para evitar accidentes.

- **Los accesos:** los accesos a la zona de recogida y entrega de ropa serán cómodos, sin escaleras, con rampas y conectados con los montacargas o ascensores cuando se encuentren a distinto nivel. De tamaño adecuado al volumen de los carros.

- **La ventilación:** es muy importante la buena ventilación, ya que la condensación de vapores que se produce en estas dependencias es alta. Lo ideal para realizar una buena ventilación es que existan grandes ventanales, pero cuando la disposición de la dependencia no lo permite, tendrán que instalarse sistemas de ventilación artificial que garanticen un mínimo de treinta renovaciones a la hora y una temperatura adecuada, que será entre 14 °C y 25 °C. La temperatura nunca sobrepasará los 36 grados centígrados.

- **La iluminación:** preferiblemente natural, reforzada con luz artificial. La luz es muy importante en las dependencias de lavandería-lencería por el tipo de trabajos que se realizan en ella (verificación del estado de la ropa, localización y tratado de manchas, cosido de ropas, etc.). Se aconseja de 150 a 300 lux, dependiendo de la zona de trabajo.

- **Los suministros e instalaciones de luz y gas:** conforme a la legislación vigente, la luz será de una potencia adecuada al funcionamiento simultáneo de máquinas de gran consumo eléctrico.

- **El suministro e instalaciones de agua:** suficiente para trabajar eficientemente. Conviene instalar depósitos de agua y bombas auxiliares que garanticen el suministro y presión del agua durante el tiempo de trabajo de la maquinaria.

- **El evacuado de agua:** se contará con sistemas de evacuado eficientes conforme a la normativa vigente, con capacidad suficiente al volumen de desecho simultáneo.

- **El almacenado de ropa sucia:** dispondrá de contenedores o pesebres para almacenar y clasificar la ropa sucia, totalmente separados de la zona limpia.

Configuración de una lavandería

Dependiendo de las condiciones de las instalaciones, del servicio que se presta, del personal con el que podemos contar y su cualificación profesional, e incluso de criterios arquitectónicos, nos podemos encontrar con distintos tipos de configuraciones. Unas veces, partiremos de locales ya existentes, incluso pensados para otro tipo de actividad, y, en otras, tendremos la opción de participar en el diseño de las instalaciones.

Antes de decidir la configuración de la lavandería, es necesario elaborar un proyecto. La mayoría de las empresas suministradoras de equipos y maquinaria para lavandería cuentan con expertos que nos pueden ayudar a tomar decisiones acertadas.

Como datos importantes que hay que tener en cuenta para realizar el diseño de una lavandería tendremos:

- Espacio disponible y situación del mismo (sótano, superficie, etc.).

- Kilogramos de ropa que se procesa diaria, semanal, mensual y anualmente.

- Porcentaje de distintos tipos de ropa que se procesa: lisa, de rizo, de forma.

- Personal con el que contamos.

- Posibilidad de ampliación del servicio.

Existen tres opciones en cuanto a la configuración del local: vertical, horizontal y mixta.

- Las lavanderías configuradas según un eje vertical se dividen por sectores de explotación totalmente separados, lo que puede ser una ventaja. Pero tienen el inconveniente de tener que contar con numerosos ascensores o montacargas, distintas instalaciones de manutención, construcción más costosa, etc. Debido a los inconvenientes que presentan, no se encuentran muchas de este tipo.

  La distribución lógica de los sectores de este tipo de lavanderías es la siguiente:

  — Planta baja: almacén de ropa sucia y *conteiner*. Entrada de ropa sucia.

  — Primera planta: almacén de ropa limpia y entrega de la misma.

— Segunda planta: sección de lavado y secado.

— Tercera planta: sección de calandrado.

— Cuarta planta: sección de clasificación y empaquetado.

- Las lavanderías configuradas de manera horizontal cuentan con la ventaja de encontrarnos todas las secciones en el mismo plano, a veces condicionadas por el espacio. Cuentan con algunos inconvenientes, como, por ejemplo, mayores dificultades en las instalaciones, el flujo operacional es complejo y difícil de controlar y su ampliación está limitada.

- Lo ideal son las lavanderías de configuración mixta. Son aquellas que disponen de su principal actividad en plano horizontal y, además, cuentan con algunas dependencias en un plano superior, como recepción y clasificación de ropa sucia, almacenes de ropa limpia, almacenes de productos de lavado, oficinas, etc.

El **flujo operacional** es otro aspecto que hay que tener en cuenta a la hora de realizar el diseño de una lavandería. Dicho flujo tiene que ser racional, evitando siempre cruces o retornos entre las diferentes fases, separando claramente la recepción de la entrega. Existen tres esquemas posibles de flujo operacional: en I, en U y en L.

- En forma de I: la entrada y salida de ropa están en extremos opuestos.

- En forma de U: la entrada y salida de ropa se encuentran en el mismo lado aunque separadas.

- En forma de L: la entrada y salida de ropa están situadas en ángulo.

Distribución en planta de una lavandería completa: las secciones

La distribución en planta de una lavandería-lencería se realiza por secciones. El número de secciones de explotación de una lavandería depende de los cometidos que se tengan que realizar en ella. Como máximo, podemos encontrar siete secciones:

- Recepción de ropa sucia.

- Clasificación.

- Lavado.

- Secado y planchado.

- Costura.

- Reagrupado.
- Entrega de ropa limpia.

La sección más importante en cuanto a dimensiones, cantidad de maquinaria y operarios es la de planchado y secado.

En cuanto a la disposición de las secciones, podemos encontrarlas de manera horizontal o vertical, aunque lo aconsejable es que sea de manera horizontal.

Los aspectos que hay que tener en cuenta para realizar la distribución correcta de las secciones son los siguientes:

- El principio de *marcha adelante*: para garantizar que no existan cruces entre zonas de ropa sucia y ropa limpia, y que una prenda no pueda volver atrás en el proceso de higienización.
- Las zonas de trabajo: existen zonas donde la limpieza debe ser exhaustiva, como las de secado, planchado, plegado y clasificación, y zonas donde se genera bastante suciedad, como las de clasificación de la ropa sucia, pesado y carga de lavadoras.
- Los circuitos de trabajo: toda prenda, desde que llega sucia hasta que sale limpia, tiene que seguir un circuito de procesos lógico, siempre bajo el principio de marcha adelante. Las secciones tienen que estar perfectamente comunicadas, pero no deben contaminarse ni producir contaminaciones.
- Racionalización de las superficies: cada sección requiere su espacio. Como ya hemos mencionado, la de secado y planchado es la que requiere mayor espacio. Por otro lado, dependiendo de si la lavandería es integral o no, tendrá que contar con mayor o menor espacio para el almacenado de ropa y productos de lavado.
- Barrera sanitaria: en el caso de lavanderías de hospitales, es imprescindible separar físicamente la zona contaminada de la zona limpia.

Instalaciones y maquinaria de una lavandería-lencería integral en establecimientos de alojamiento

En general, y a título de ejemplo, una lavandería-lencería integral de un establecimiento dedicado al alojamiento precisa de las siguientes zonas o secciones, maquinaria y equipos, aunque puede variar de una a otra dependiendo del volumen de trabajo y los servicios que se presten:

- LAVANDERÍA
  — Sección de recepción y clasificación de ropa sucia del establecimiento.
  Maquinaria y equipos: pesebres o jaulas, carros con ruedas y básculas.

— Sección de lavado.

Maquinaria y equipos: lavadoras industriales y semindustriales de diversos tamaños (al menos dos), dosificadores de productos de lavado, centrifugadoras de 9 o 15 kg (en desuso), carros o cubetas con ruedas.

— Sección de secado y plancha de ropa lisa.

Maquinaria y equipos: secadoras de baja o alta capacidad, calandras o rodillos.

— Sección de plegado de ropa lisa.

Maquinaria y equipos: mesas y estanterías con ruedas. Si el volumen es grande puede incorporarse una plegadora.

— Sección de secado, plancha y plegado de ropa de forma.

Maquinaria y equipos: secadoras, equipo de planchado industrial (planchas y mesas), mesas de plegado y percheros.

- LENCERÍA

  — Sección de reparación de ropa (costura o zurcido).

  Maquinaria y equipos: máquinas de coser, útiles de costura y estanterías.

  — Sección de almacén de ropa limpia en uso.

  Maquinaria y equipos: estanterías y/o armarios.

  — Sección de recepción de ropa sucia, lavado, planchado y plegado de ropa de clientes (puede encontrarse integrada en el resto de secciones).

  Maquinaria y equipos: cestos, marcadora de ropa, lavadoras (unos 7 kg) programables al peso de lavado, pilas de lavado a mano, secadoras, tablas de planchar, planchas manuales, mesas de plegado y empaquetado, estanterías, percheros y ordenador.

Además, junto a la lavandería-lencería que estará próxima al montacargas, tendremos un *office* de productos de lavado y limpieza, y un almacén de ropa de reserva.

En el presente capítulo desarrollaremos cada apartado.

1.2. Selección y control de uso de equipos, máquinas y útiles de lavado de ropa

Una vez establecido el tipo de lavandería con el que vamos a contar según todo lo expuesto anteriormente, debemos seleccionar los equipos, máquinas y útiles necesarios.

Todas las empresas dedicadas a la venta de productos relacionados con la lavandería cuentan con expertos que nos pueden ayudar a la selección. No obstante, es imprescindible contar con los conocimientos básicos y necesarios para realizar una selección adecuada y poder llevar un control de resultados adecuado.

1.2.1. Productos específicos

Los productos específicos empleados en el lavado de ropa a máquina se clasifican en:

- Detergentes para el lavado y prelavado de ropa: los podemos encontrar líquidos o granulados (en polvo), para predisoluciones o para dosificaciones automáticas o manuales; para ropa blanca, de color, delicada y especial; para aguas de distinta dureza; para lavados a distintas temperaturas, etc.

- Blanqueantes: pueden ser líquidos o granulados.

- Suavizantes: siempre son líquidos, para dosificaciones automáticas o manuales. Los hay especiales para ropas determinadas o aguas alcalinas.

- Acabados: los podemos encontrar en forma de polvo o líquido. Se añaden al final del ciclo de aclarados para restablecer las cualidades del tejido. Pueden ser neutralizantes, ignifugantes, aprestos y bactericidas.

Para el lavado y tratamiento de ropa a mano tenemos:

- Jabones de pasta: compuestos de un álcali (hidróxido de sodio o de potasio) y un ácido graso. Son naturales, ligeramente alcalinos y biodegradables.

- Jabones líquidos o champús para ropa delicada: son neutros.

- Quitamanchas específicos de tinta, grasa, óxido, restos proteicos, etc.

Los detergentes para el lavado de ropa están compuestos principalmente por:

- **Materia activa:** tensioactivos o surfactantes. Son sustancias orgánicas que disminuyen la tensión superficial. Es el componente principal de los detergentes.

- **Coadyuvantes:** es decir, que ayudan en el proceso de lavado. Son, en importancia, el segundo componente de los detergentes (polifosfatos, silicatos, carbonatos y perboratos).

- **Blanqueadores o blanqueantes:** pueden ser químicos (perborato sódico y percabonato de sodio), los cuales no atacan el color, activadores de blanqueo a baja temperatura o blanqueantes ópticos.

- **Aditivos:** son los enzimas, inhibidores de corrosión, antiespumantes, perfumes, etc.

- **Auxiliares:** sulfato sódico (antiredepositante) y agua.

Para hacernos una idea de la composición de un detergente para el lavado de ropa tipo medio y las proporciones aproximadas de los distintos componentes, vamos a ver el Cuadro 1.3. Las proporciones pueden variar de un tipo a otro según el tejido a tratar, la suciedad, la temperatura empleada en el lavado, el tipo de agua, etc., ya que en el mercado existen gran cantidad de detergentes específicos.

CUADRO 1.3. PROPORCIONES APROXIMADAS DE LOS DISTINTOS COMPONENTES DE UN DETERGENTE PARA EL LAVADO DE ROPA DE TIPO MEDIO
tensioactivo (~15 %)   polifosfato + silicato (~30 %)   perborato sódico (~20 %)   fluorescente (~0,1 %)   enzimas (~0,5 %)   sulfato sódico (~20 %)   agua (~10 %)

Propiedades del detergente

- **Biodegradable:** es decir, que puede ser destruido por las bacterias existentes en el medio que se encuentra.

- **Disolvente:** tiene la cualidad de disolver determinadas clases de suciedad una vez eliminadas del tejido.

- **Dispersante:** impide que la suciedad vuelva a depositarse sobre el tejido durante el lavado manteniéndola en suspensión en el baño del lavado.

- **Emulsionante:** hace que las sustancias grasas se disuelvan, agrupen y no vuelvan a depositarse en el tejido.

- **Espumante:** no es la propiedad más importante. Indica si la cantidad de detergente es suficiente.

- **Mojante:** reduce la tensión superficial haciendo que el agua penetre entre el tejido y la suciedad.

1.2.2. Análisis y evaluación de productos, rendimientos y riesgos en su utilización

Lo primero que vamos a ver antes de explicar los productos más adecuados para cada lavado es conocer las funciones de los componentes básicos de los productos de lavado de ropa.

- **Antiestáticos:** conducen las cargas eléctricas que se acumulan en el tejido.
- **Antiredepositantes:** su misión es evitar que la suciedad desprendida de las manchas se vuelva a depositar otra vez en los tejidos. Ejemplo: policarboxilatos (coadyuvantes).
- **Bactericidas:** destruyen los microorganismos.
- **Blanqueantes:** uno de los fines del lavado de la ropa es aumentar y conservar su blancura. Pueden ser oxidantes, reductores u ópticos.
  - Oxidantes: liberan oxígeno.
    - Químicos: devuelven la blancura a la ropa reaccionando con el tejido. Unos, lo hacen desprendiendo oxígeno y se les conoce como oxigenantes, por ejemplo, el *agua oxigenada o perborato sódico* y, otros, desprenden cloro y se les llama clorantes, como, por ejemplo, el *hipoclorito sódico* (lejía). Ambos tienen propiedades oxidantes. Para que el agua oxigenada actúe, necesita temperaturas altas (más de 60 °C), sin embargo, la lejía lo hace a temperaturas más bajas (menos de 60 °C).
    - El *ozono* es un producto desinfectante que recientemente se viene aplicando en el lavado de la ropa por sus múltiples ventajas. Se convierte rápidamente en oxígeno, aumentando su concentración en el agua, lo que facilita la acción de los detergentes. Su aplicación se realiza mediante máquinas que inyectan y disuelven el ozono en el agua antes de llegar a las lavadoras. Al tener un alto potencial de oxidación, es muy eficiente en la mineralización de partículas de suciedad. Sus ventajas son, además de la eficacia en la eliminación de suciedad de los tejidos y, consecuentemente, la higienización, un ahorro considerable en energía, agua y productos de lavado, ya que se necesitan menos productos y aclarados en el lavado, se elimina el uso de productos oxidantes químicos, no hace falta usar agua caliente en el lavado, se reducen los tiempos de lavado y la ropa dura más.
  - Reductores. Se trata del hidrosulfito y bisulfito de sodio. Están compuestos de azufre, de ahí su olor característico. Se emplean en blanqueados especiales. Son muy efectivos sobre colorantes sintéticos.
  - Ópticos: se trata de colorantes inofensivos a los tejidos que blanquean tiñendo y aumentando el efecto de blancura debido a la emisión de rayos ultravioletas.
- **Complejantes o secuestrantes:** la función principal de estos componentes es impedir que la cal se incruste en los tejidos. Además, ayudan a que la acción nociva que producen los metales, en especial por la acción de blanqueantes químicos, sea la mínima. Emplearemos secuestrantes cuando las aguas

del lavado sean duras o contengan hierro y/o níquel, y cuando las ropas se encuentren amarillentas o con suciedad incrustada.

Los más empleados son:

— Los fosfatos. Plantean graves problemas medioambientales.

— Los silicatos. Mejor opción que los fosfatos, pero hay que cuidar que el pH permanezca muy alcalino y que los aclarados sean abundantes.

— Los carbonatos de sodio. Aportan alcalinidad al baño.

— Las zeolitas. Es la mejor opción de cara al medio ambiente aunque tienen algunos inconvenientes, como, por ejemplo, que no son solubles en agua, lo que supone que queden residuos en la ropa, que si es de color oscuro debe cepillarse tras el secado y, aún así, a veces quedan restos sólidos.

• **Enzimas:** rompen las moléculas de proteína eliminando las manchas de restos orgánicos (proteicas y carbohidratos). Gracias a su efectividad, permiten emplear en el proceso de lavado temperaturas más bajas y ciclos más cortos. Los productos enzimáticos son incompatibles con el cloro, ya que este destruye las enzimas. A temperaturas superiores de 55-60 °C, la estructura de las enzimas se desestabilizan, perdiendo la funcionalidad. No se deben usar en lanas y sedas, puesto que dañan a estos tejidos. Su proporción en la composición del detergente será inferior al 1 %.

• **Neutralizantes:** son productos ácidos que neutralizan los restos de alcalinidad y las trazas de cloro residual. Se añaden al final de los aclarados.

• **Tensioactivos o surfactantes:** al emplear mojanes (surfactantes) en el proceso de lavado conseguimos reducir la tensión superficial, pero aparece la espuma. La espuma es una burbuja de aire introducida en una solución de agente tensioactivo que se rodea inmediatamente de una capa monomolecular. Como la burbuja no rompe, la tensión superficial no limpia, se forman dos capas moleculares de agente tensioactivos separado por una película de agua. Para ello, existen en el mercado detergentes con surfactantes de bajo poder espumígeno.

Los tensioactivos pueden ser de cuatro clases.

— Aniónicos: favorecen la formación de espuma. Suelen ser los mejores en cuanto a relación precio/efectividad.

— No aniónicos: recomendables para aguas duras. No producen tanta espuma como los anteriores.

— Catiónicos: tienen poder desinfectante, aunque no son tan eficaces como tensioactivos.

— Anfóteros: tienen cualidades desinfectantes.

- **Perfumes:** aromatizan la prenda.

- **Suavizantes:** suavizan el tejido, lo hacen agradable al tacto. Eliminan la electricidad estática. Neutralizan la alcalinidad residual. Mejoran la extracción del agua en el centrifugado y facilitan el planchado. El uso excesivo y continuado de suavizantes puede producir efectos adversos en la ropa y en la salud de las personas.

La elección del producto específico para el lavado de ropa dependerá de:

- El tejido que queremos tratar. Hay tejidos muy delicados, como, por ejemplo, la seda y la lana, que tienen que ser lavadas con productos de pH neutro y compuestos de tensioactivos naturales. Sin embargo, el algodón es muy resistente.

- La coloración del tejido. La ropa de color requiere un producto sin blanqueantes o con oxidantes especiales.

- El tipo de ropa. Hay ropas como, por ejemplo, los manteles y servilletas, los monos de trabajo, etc., que requieren que los detergentes sean muy alcalinos y que contengan gran cantidad de enzimas en su composición.

- El tipo de agua. Para cada tipo de agua existe un detergente específico. En aguas duras tenemos que emplear detergentes ricos en complejantes.

- La temperatura del proceso de lavado. Aunque la eficacia de los detergentes mejora con la temperatura del agua del lavado a veces nos es imposible aplicar temperaturas altas por el tipo de textil que vamos a tratar. En este caso, elegiremos detergentes especiales que sean eficaces a temperaturas bajas.

- Suciedad. Prendas muy sucias, amarillentas o dañadas por productos químicos requieren el uso de productos que contengan gran cantidad de secuestrantes.

Para elegir el producto más adecuado a nuestras necesidades, lo mejor es consultar con las empresas suministradoras que nos orientarán y aconsejarán. Antes de decidirnos por una marca y producto determinado, es necesario realizar algunas pruebas y ver los resultados finales.

El rendimiento de los productos es otro punto que tener en cuenta a la hora de la elección del más adecuado. Por un lado, lo mejor es contar con máquinas dosificadoras de productos de lavado, ya que una dosificación inadecuada, además de producir ciertos inconvenientes en los resultados del lavado, bien por exceso, bien por defecto, puede, además, aumentar el consumo del producto de manera innecesaria. Todas las empresas suministradoras de productos de lavado se encargan de programar los dosificadores para, por un lado, conseguir resultados óptimos, y, por otro, alcanzar el mejor rendimiento. Valoraremos no solo el rendimiento, sino el resultado final, ya que muchas veces un producto que cuesta más barato o que «cunde más» a la larga no produce el resultado que esperamos.

Los riesgos en la utilización de los productos de lavado son los mismos que cuando se emplean productos de limpieza. Incluso cabe decir que la mayoría de los productos utilizados en el lavado y tratado de la ropa producen mayores riesgos para quien los manipulan.

Lo primero que debemos conocer sobre los posibles riesgos en la manipulación de los productos para el lavado de ropa es la información que aparece en las etiquetas según se muestra en el Cuadro 1.4.

CUADRO 1.4. INFORMACIÓN QUE DEBE CONTENER UNA ETIQUETA DE PRODUCTO PARA EL LAVADO DE ROPA
• Denominación de la sustancia o nombre común y/o número de identificación.
• Concentración de la sustancia en su caso.
• Nombre y dirección del fabricante o suministrador.
• Pictogramas de peligro. (Ver Cuadro 1.5).
• Riesgos específicos: «Frases R» – «Frases H».   Se refiere a los riesgos que pueden presentar para la salud algunos productos químicos. Existen 121 frases R normalizadas. El nuevo reglamento CLP (clasificación, etiquetado y envasado de sustancias y preparados químicos) de la CE (2008) ha sustituido las frases «R» por frases «H» (peligro – *hazardous*).   • Ejemplos de comparativa frases «R» – frases «H»:   — Inflamable (R10) – NHCP   — Tóxico por inhalación (R23) – H331   — Irrita los ojos y la piel (R36/38) – H319/ H315   — En contacto con ácidos libera gases tóxicos (R32) – EUH032
• Consejos de prudencia: «Frases S» – «Frases P»   A través de consejos de prudencia se establecen medidas preventivas para la manipulación y utilización de la sustancia. Existen 79 frases «S» normalizadas. El nuevo reglamento CLP (UE) ha sustituido las frases «S» por frases «P» (prudencia).   • Ejemplos de comparativa frases «S»– frases «P»:   — Manténgase fuera del alcance de los niños (S2) – P102   — Manténgase lejos del calor (S15) – P210   — Evítese el contacto con los ojos y la piel (S24/25) – P262

En toda etiqueta de un detergente o producto de lavado o desmanchado de ropa debe aparecer el pictograma de peligrosidad correspondiente.

Un pictograma de peligro sirve para transmitir información sobre el producto mediante gráficos, contornos y colores.

Los nuevos pictogramas informan y advierten a los consumidores sobre los peligros asociados a las sustancias o mezclas que componen cada producto. Estos peligros se clasifican en:

- Peligros físicos.

- Peligros para la salud humana.

- Peligros para el medio ambiente.

El actual Reglamento (CE) n.º 1272/2008 implanta un nuevo sistema de clasificación de la peligrosidad de las sustancias y las mezclas y, además, establece nuevas clases y categorías de peligro, uso de palabras de advertencia, indicaciones de peligro y una simbología común de peligros en productos químicos introduciendo **nueve pictogramas de peligro** distintos a los existentes con anterioridad. El Reglamento entró en vigor en 2009, y en él se establecen disposiciones transitorias que aplazan el cumplimiento de determinadas reglas hasta de junio de 2017, es por ello que podríamos encontrar en el mercado dos tipos de etiquetado, el anterior y posterior a 2009.

Los nuevos pictogramas son de forma cuadrada apoyado en un vértice con marco en color rojo, figura negra y fondo blanco.

Su significado y correspondencia con los anteriores a la entrada en vigor del nuevo Reglamento se muestran en el Cuadro 1.5.

CUADRO 1.5. CORRESPONDENCIA ENTRE LOS PICTOGRAMAS DE PELIGROSIDAD ANTERIORES Y POSTERIORES AL REGLAMENTO (CE) N.º 1272/2008 Y SU SIGNIFICADO		
Pictogramas de peligrosidad actuales según Reglamento (CE) n.º 1272/2008.	Significado	Pictogramas anteriores a 2009. Correspondencia con los actuales.
Peligroso para el medio ambiente	Este pictograma nos advierte que el producto puede dañar el medio ambiente acuático y/o la capa de ozono.	N. Producto peligroso para el medio ambiente

(Continúa en la siguiente página)

CUADRO 1.5. CORRESPONDENCIA ENTRE LOS PICTOGRAMAS DE PELIGROSIDAD ANTERIORES Y POSTERIORES AL REGLAMENTO (CE) N.º 1272/2008 Y SU SIGNIFICADO		
Pictogramas de peligrosidad actuales según Reglamento (CE) n.º 1272/2008.	Significado	Pictogramas anteriores a 2009. Correspondencia con los actuales.
Peligro para la salud (silueta humana) 	Esta simbología nos advierte de los daños que le puede ocasionar a nuestra salud la sustancia o la mezcla que contiene el producto. Los productos que contienen este pictograma pueden ser cancerígenos, mutágenos, tóxicos para la reproducción, causar efectos graves sobre los pulmones, modificar el funcionamiento del sistema nervioso o el hígado y/o provocar alergias, asma o dificultades respiratorias. Este pictograma, con una simbología totalmente nueva, nos avisa de que se trata de productos tóxicos o muy tóxicos, ya sea por inhalación, ingestión o por contacto con la piel. Irá acompañado de la palabra «peligro». *Este pictograma es nuevo y sustituye a los anteriores relativos a «producto tóxico» o «producto nocivo o irritante».*	T. Producto tóxico  y producto nocivo (Xn) o irritante(Xi) 
La calavera sobre dos tibias cruzadas 	Indica que el producto es peligroso para la salud y puede producir efectos adversos, incluso en pequeñas dosis, como náuseas, vómitos, dolores de cabeza, pérdidas de conocimiento y, en algunos casos, la muerte.	T. Producto tóxico 

(Continúa en la siguiente página)

CUADRO 1.5. CORRESPONDENCIA ENTRE LOS PICTOGRAMAS DE PELIGROSIDAD ANTERIORES Y POSTERIORES AL REGLAMENTO (CE) N.º 1272/2008 Y SU SIGNIFICADO		
Pictogramas de peligrosidad actuales según Reglamento (CE) n.º 1272/2008.	Significado	Pictogramas anteriores a 2009. Correspondencia con los actuales.
El signo de exclamación 	Indica que el producto puede producir efectos adversos en dosis altas. También puede producir irritación en ojos, garganta, nariz y piel. Provoca alergias cutáneas, somnolencia y vértigo. Irá acompañado de la palabra «atención».	Producto Nocivo (Xn) o Irritante (Xi) 
La llama 	Indica que el producto puede inflamarse en contacto con fuentes de calor o por efecto del calor o fricción. También puede indicar que el producto se inflama espontáneamente en contacto con el aire o que, en contacto con el agua, pueden liberarse gases inflamables.	F. Fácilmente inflamable 
La bomba de gas 	Corresponde a productos que contienen gases a presión en un recipiente. Algunos pueden explotar en caso de calentamiento. Son gases comprimidos, licuados o disueltos. Los licuados refrigerados pueden producir quemaduras o heridas (quemaduras o heridas criogénicas). *No se corresponde con ningún pictograma anterior ya que es nuevo.*	

(Continúa en la siguiente página)

CUADRO 1.5. CORRESPONDENCIA ENTRE LOS PICTOGRAMAS DE PELIGROSIDAD ANTERIORES Y POSTERIORES AL REGLAMENTO (CE) N.º 1272/2008 Y SU SIGNIFICADO		
Pictogramas de peligrosidad actuales según Reglamento (CE) n.º 1272/2008.	Significado	Pictogramas anteriores a 2009. Correspondencia con los actuales.
La bomba explosionando	Indica el peligro de explosión en caso de calentamiento. Nos advierte que el producto es explosivo y puede producir accidentes o poner en peligro nuestra seguridad.	E. Producto explosivo
La corrosión	Nos informa que el producto puede causar daños irreversibles en los ojos o piel en caso de contacto o proyección. También que el producto es corrosivo y, por tanto, puede atacar o destruir metales.	Producto corrosivo
La llama sobre un círculo	Indica que el producto puede provocar o agravar un incendio o una explosión en presencia de materiales combustibles.	O. Producto comburente

Para la utilización correcta de los productos de lavado y tratamiento de ropa y prevenir los posibles riesgos derivados de un uso o manipulación incorrectos, es obligatorio tener en cuenta las siguientes normas:

- Antes de utilizar leer bien las instrucciones de uso.

- Comprobar que tanto el soporte que vamos a emplear en el tratamiento como el tejido que vamos a tratar no son vulnerables al producto que queremos aplicar.

- Agitar o remover antes de usar en el caso de productos que se usen directamente sobre la prenda.

- Respetar las dosificaciones.

- Usar equipos de protección individual (EPI) si es preciso, guantes, mascarilla, etcétera.

- No mezclar productos ácidos con alcalinos, al neutralizarse desprenden gases tóxicos.

- No mezclar productos clorados con amoniacados, o lejía con amoniaco, puesto que desprenden gases tóxicos.

- No mezclar productos de distintos fabricantes o marcas, aunque sus aplicaciones parezcan las mismas.

- No mezclar distintos productos quitamanchas.

- Cuidado con productos inflamables, usar fuera de fuente de calor.

- Ventilar bien la zona de trabajo.

- Mantener los envases tapados y debidamente identificados.

- No usar envases de un producto para otro distinto, ni envases que no sean los originales, por ejemplo: botella de agua con lejía.

- No abrir con la boca ningún producto, y, mucho menos, si contiene pictogramas de peligro.

- No coma ni beba cuando maneje productos para el lavado y tratado de ropa.

- No pulverice insecticidas ni plaguicidas cerca de alimentos o de útiles y superficies donde se vaya a depositar ropa limpia.

- Desechar tanto los envases como las aguas sucias respetando las normas.

- Cuidado en el almacenado de productos y en el posible volcado que se pueda producir.

1.2.3. Equipos, maquinaria, útiles y herramientas, mantenimiento de uso y normas de seguridad en su utilización

Para el conocimiento de los equipos relacionados con la lavandería y el proceso de lavado y secado, vamos a realizar una clasificación. Posteriormente, caremos detalladamente los más habituales en una lavandería integral de un establecimiento de alojamiento.

- Maquinaria de lavandería

  — **Lavadoras o lavacentrífugas:** podemos encontrarlas según sus cualidades.

    - Industriales (de 11, 14-15, 18-20, 25, 40, 60, 120 kg, llegando incluso hasta los 200 kg), o semindustriales (6, 8 o 10 kg), según su capacidad.

    - Flotantes o rígidas (de anclaje).

    - De alta (1000 r. p. m.), media (de 700 a 800 r. p. m.) y baja (de 485 a 540 r. p. m.) velocidad de centrifugado.

    - De barrera sanitaria. Especiales para hospitales y residencias donde es muy importante la extrema higienización de la ropa.

    - Trenes de lavado: compuestos de elevador, sistema de carga, túnel de lavado, prensa hidroextractora, secadora y cinta transportadora. Para grandes producciones.

  — **Secadoras:** se clasifican según su capacidad.

    - Industriales (de 10 a 85 kg). Pueden ser de gran capacidad (45,60 u 80 kg) o de menor capacidad (10, 20 o 30 kg).

    - Semindustriales (7-8 kg).

  — **Centrifugadoras:** necesitan anclaje y son necesarias cuando usamos lavadoras de baja velocidad. Tienden a desaparecer por el espacio que ocupan y porque todas las lavadoras de hoy en día incluyen el programa de centrifugado y la posibilidad de centrifugados a alta velocidad.

  — **Clasificadoras:** son contenedores de ropa sucia que detectan el peso y clasifican la ropa para su lavado.

  — **Desmanchadoras:** son máquinas industriales propias de tintorerías o lavanderías con gran volumen de tratado de ropa.

- Accesorios para el lavado

  — Elementos de transporte: carros de ropa seca y de ropa húmeda, contenedores, percheros, estanterías, armarios, etc.

  — Básculas.

  — Marcadoras de ropa.

- Útiles y herramientas de lavandería
  - Barreños de distintos tamaños para el lavado de prendas delicadas.
  - Borriqueta: armazón compuesto por una pieza larga horizontal más o menos ancha sobre dos pares de patas inclinadas hacia fuera y que se colocan en los extremos. Son muy útiles para colocar la ropa clasificada antes del planchado.
  - Cepillos de desmanchar, con o sin mango de:
    - Cerda: suave, para prendas delicadas.
    - Nailon: para todo tipo de prendas.
    - Tampico y raíz: para mojados.
  - Cepillos para piel: sintéticos, de acero o latón.
  - Espátulas de desmanchado.
  - Redes para lavado de prendas delicadas.

Lavadora

La lavadora es la máquina principal de la lavandería. Hoy en día, todas las lavadoras son automáticas y además realizan el centrifugado de la ropa, de ahí que reciban el nombre de lavacentrifugadoras. Las cubetas están fabricadas en acero inoxidable y galvanizado para evitar oxidaciones. Los motores pueden girar en los dos sentidos evitando que la ropa se enrede. El sistema de funcionamiento de la máquina puede ser con energía eléctrica, gas o gasóleo. El sistema de calentamiento del agua puede ser mediante resistencias, agua caliente o vapor, en este último caso se precisa disponer de caldera externa.

A la hora de elegir una lavadora, dada la variedad que existe en el mercado, debemos tener en cuenta una serie de prestaciones adaptadas a nuestras necesidades:

- La capacidad: existen modelos industriales y semindustriales con capacidades de lavado múltiples, según hemos visto en la clasificación anterior. Siempre contaremos con, al menos, dos lavadoras de distintas capacidades para, por un lado, poder procesar ciclos distintos de manera simultánea y de esa forma organizar bien el trabajo posterior (secado y planchado) y, por otro, tener siempre una alternativa a posibles incidencias de alguna máquina.

  Así, por ejemplo, si necesitamos procesar unos 90 kg de ropa limpia a la hora, tendremos dos lavadoras de 25 kg y una de 60 kg de capacidad. Si, por el contrario, tuviéramos que procesar 45 kg de ropa limpia a la hora, nos bastaría con dos de 25 kg.

- Nivel de centrifugado: el nivel de centrifugado se mide por «factor centrífugo» (factor G). Como término medio, diremos que las de alta velocidad tienen un factor G de 350; las de media velocidad, de 200 y las de baja velocidad, de 100. Los modelos de baja y media velocidad pueden llegar hasta los 200 kg de capacidad, mientras que los de alta velocidad no sobrepasan los 120 kg de carga. Si elegimos lavadoras de factor G 100, debemos que tener en cuenta que la humedad de la ropa tras el centrifugado es muy alta. Se recomienda elegir lavadoras con factor G 350 cuando tenemos que tratar ropa de felpa o rizo (toallas) y ropa de cama que plancharemos en calandra sin necesidad de secar en secadora.

- La programación de las máquinas: todas las máquinas de hoy en día disponen de programadores automáticos mediante teclado o tarjeta de memoria. La posibilidad de programación de ciclos de lavado puede ir de unas 16 ya preestablecidas a unas 80 programables según nuestras necesidades. Todo dependerá de la variedad de ropa que tratemos en el establecimiento procurando siempre simplificar los programas.

- Sistema de pesado: existen máquinas que disponen de sistemas automáticos que pesan la ropa economizando el uso de agua, energía y detergente. Nos serán útiles cuando las cantidades de cierta ropa sean muy variables.

Figura 1.2. Lavadora industrial de 22 kg de carga con programador automático de dosificación incorporado. Factor G 349.

- Doble desagüe: ahorran consumo de agua al separar las aguas de los distintos ciclos de lavado reciclando las mismas.

- Dosificación: las lavadoras suelen traer hasta cuatro cubetas de dosificación manual o señales de dosificación automática. Lo ideal es elegir dosificadores automáticos por el ahorro que supone, además de las ventajas en los resultados finales.

- Sistema de anclaje o flotante. Las lavadoras flotantes suelen durar menos que las rígidas, aunque la tecnología ha evolucionado bastante. Existen modelos que precisan el anclaje, sobre todo en ciertas superficies que no se encuentran a ras de suelo.

- Sistema basculante: hay modelos que permiten incorporar sistemas de carga y descarga basculante cuando el volumen de carga de ropa es muy grande.

Todos los modelos incluyen botón de parada de emergencia.

La elección dependerá de nuestras necesidades, del local disponible y del presupuesto con el que contamos. Cuanto mayores prestaciones, mayor precio.

Lavadora modular continua

Se conocen como túneles o trenes de lavado. Es un sistema automático de lavado en continuo. Se componen de:

- Sistema de carga: pueden ser de dos tipos.
  - Aéreos: permiten seleccionar, almacenar y cargar la ropa a uno o varios túneles.
  - *Conveyores* (cintas transportadoras): son contenedores con varios compartimentos continuos que llevan incorporado un sistema de pesado de ropa. Permiten cargar el túnel de lavado de forma automática según el ritmo de trabajo, unos 50 kg por compartimento según modelos.
- Túnel de lavado: cada túnel puede estar compuesto por cinco e incluso doce módulos en continuo según necesidades. Lleva incorporado un sistema de recirculación y reciclado de agua que permite reutilizarla hasta tres veces reduciendo así el consumo de la misma. Las fases y programación del prelavado, lavado, aclarado y neutralizado son independientes. Pueden incluir distintas entradas de productos químicos y agua; distintos desagües, sondas de pH y de temperatura. Algunos modelos presentan hasta 99 programas de lavado incluyendo algunos específicos como, por ejemplo, de desinfección para hospitales o de desarenado para hoteles de playa.
- Prensa extractora: extrae el agua en pocos minutos dejando la ropa preparada para el secado y planchado.
- *Conveyor* de descarga: permiten distribuir las cargas a la secadora de forma automática.
- Sistema de secado: de distintas capacidades, permiten el desliado, acondicionado y secado de la ropa.

Este tipo de maquinaria se emplea en aquellas empresas donde se necesita producir 1000 o más kilogramos de ropa limpia a la hora. Algunas empresas especializadas instalan túneles para producciones de 500 kg/hora con posibilidad de ampliación por módulos, según necesidades.

La elección de instalaciones de este tipo depende de la producción, del espacio que dispongamos y del presupuesto con el que contemos, ya que su coste es elevado, aunque a la larga se reducen costes. Tendremos que contar con el asesoramiento de empresas especializadas ya que su diseño y montaje es complicado.

Secadora rotativa

Todas las secadoras que podemos encontrar en el mercado tienen prestaciones muy similares. Vamos a explicar sus características:

- El sistema de calefacción puede ser mediante electricidad, gas, vapor o aceite térmico. El vapor y el aceite térmico necesitan la instalación de una caldera exterior.

- El tambor es de acero galvanizado, aunque podemos encontrar modelos de acero inoxidable.

- La programación puede ser analógica o digital, incluyendo en algunos modelos la posibilidad de realizar hasta nueve programas manuales.

- El control del secado puede ser electrónico o manual.

- Los filtros y la ventilación son de fácil limpieza. La mayoría de los modelos incluyen indicadores de suciedad del filtro y, algunos de última generación, filtros autolimpiables.

- Los modelos más modernos incluyen inversión del giro del tambor para evitar enrollamientos de la ropa y enfriamiento progresivo para evitar arrugas.

- La mayoría de los modelos han evolucionado bastante buscando sistemas de ahorro de energía, así podemos encontrar sistemas de recirculación del aire caliente que reducen el consumo de energía.

- Modelos de última generación incluyen sensores de humedad que detienen la máquina una vez la ropa haya alcanzado el porcentaje de humedad residual adecuado.

- Todos los modelos cuentan con botón de parada de emergencia.

La elección de la máquina secadora dependerá del volumen de secado y posterior tratamiento. Suelen tener mayor tamaño que las lavadoras lo que nos limita el número de unidades que instalar. Elegiremos un modelo acorde a los kilogramos de ropa que necesitamos secar tras el lavado.

El único mantenimiento que necesita este tipo de máquinas es la limpieza de filtros que se procurará realizar después de cada ciclo.

Marcadoras de ropa

Debido a la diversidad de ropas que se tratan en una lavandería provenientes de distintos departamentos, con distintas medidas y, en especial, si se trata de ropa de clientes, es necesario establecer un sistema de marcado temporal o definitivo.

Para marcar la ropa, tenemos varios sistemas más o menos sofisticados o más o menos económicos según se muestra a continuación:

- Prensa termofijadora que nos sirve tanto para fijar etiquetas como para colocar parches de reparación, muy útiles en casos de roturas de algunas prendas donde el zurcido no resulta posible. Para marcar la ropa necesitaremos además un *software* específico, una impresora de termotransferencia y etiquetas termotransferibles. Las etiquetas pueden ser mediante códigos de barras, electrónicas o personalizadas.

- Grapadora de ropa. Hay diversos modelos y su empleo es muy sencillo. La etiqueta será de papel especial de diversos colores o con numeración.

- Plancha o prensa. En este caso las etiquetas son de cinta termofijable de tergal o algodón. Necesitaremos, además, un rotulador indeleble.

Nos queda en este apartado hablar de la última generación en etiquetas de control. Se trata de las etiquetas electrónicas mediante tecnología de radiofrecuencia (RFID). Su aplicación es muy ventajosa en lavanderías industriales. Es un sistema que requiere una inversión inicial importante, pero sus resultados finales, en reducción de costes, hacen que se amortice rápidamente.

La asignación de código RFIDE a las prendas se realiza mediante etiquetas resistentes a los procesos de lavado. Necesitaremos, además, un kit de codificación de sobremesa y un *software* de gestión RFID que incluye módulo ITL.

Este sistema tiene múltiples aplicaciones. Para ello, necesitaremos, además de la etiqueta, un equipamiento especial para cada aplicación según se muestra a continuación:

- Control de entradas y salidas de ropa. Es necesario un arco de lectura RFID con PC táctil, antenas RFDI UHF, baliza y fotocélulas de detección.

- Control de producción. Se precisa colocar en el inicio de la cinta de túnel de lavado un equipamiento de lectura RFID compuesto por un lector y una antena RFID, y una caja envolvente de los equipos.

- Descarte de prendas defectuosas o sucias. Se realiza durante el proceso de lavado antes de pasar a la calandra mediante un lector RFID y varias antenas en diferentes cajas.

- Inventario y control de prendas. Se requiere un terminal de mano PDARFID con conexión wifi, batería, base de carga y *software* de gestión.

En general, nos permite el control de la ropa que podemos mezclar en el lavado para optimizar las cargas y después separar. No necesita identificación por contacto visual lo que hace posible disminuir los costes de personal. Además, podemos conocer la vida útil real de las prendas, realizar inventarios en poco tiempo, etc.

Normas de seguridad en la utilización de maquinaria de lavandería

La maquinaria empleada en la lavandería puede producir accidentes graves si no se siguen las normas del fabricante y las que se establezcan el centro de trabajo.

Los **riesgos específicos** que pueden producir la maquinaria de lavandería son:

- Contactos eléctricos.

- Contacto térmico.

- Atrapamientos.

- Sobreesfuerzos.

- Incendio.

Las **medidas de prevención** para evitar accidentes son las siguientes:

- Usar siempre la ropa adecuada que le haya sido suministrada por el centro de trabajo.

- Todo trabajador que vaya a hacer uso de maquinaria tiene que ser formado y autorizado. Queda prohibido todo aquello que no figure en las instrucciones dadas al trabajador.

- Los manuales de la maquinaria que se vaya a emplear tienen que estar a disposición de los trabajadores y en lugar visible.

- Los manuales de instrucciones y normas de seguridad de la maquinaria tienen que leerse antes de su utilización.

- Las máquinas de la lavandería siempre tienen que estar supervisadas por, al menos, un trabajador.

- No manipular la maquinaria ni poner fuera de funcionamiento los dispositivos de seguridad de las máquinas.

- No subirse ni introducirse debajo de las máquinas.

- En caso de accidente, accionar el botón rojo de parada de emergencia que disponen todas las máquinas de lavandería.

- Las superficies de las máquinas deben estar siempre limpias y libres de materiales inflamables.

- Al menos una vez al día, eliminaremos el polvo del filtro de aspiración.

- Solo se realizarán tareas de mantenimiento preventivo de las máquinas que se indiquen en el manual de instrucciones.

- Cualquier tarea de limpieza, engrase y mantenimiento preventivo se realizará con la máquina parada y desconectada de la fuente de alimentación.

- Las tareas de mantenimiento y reparación serán realizadas por personal especializado según indique el fabricante.

- En caso de que no funcione algún dispositivo de seguridad o note algún ruido o anomalía extraña por parte de la maquinaria, avisar inmediatamente a su superior o servicio técnico.

- En caso de emergencia (cortocircuito, fuego, etc.), desconectar el interruptor general del cuadro eléctrico y avisar a la centralita o a quien proceda según normas del centro de trabajo.

- La ropa de la secadora debe sacarse inmediatamente una vez finalizado el proceso, ya que se carga de electricidad estática que con el reposo puede producir chispas capaces de provocar llamas. No sacar la ropa hasta que el tambor se haya parado completamente.

1.2.4. Procedimientos de búsqueda y tratamiento de proveedores

Todo proceso de búsqueda y selección de proveedores es una tarea que lleva un coste para la empresa debido al tiempo que tenemos que dedicar a ello. Suele ser el departamento de compras el que realiza esta operación, sin embargo, en algunos establecimientos pequeños es la gobernanta general o la encargada de sección la responsable de dicha tarea. No obstante, aunque sea el departamento de compras el que se encargue de la búsqueda, es aconsejable que la gobernanta o encargada de lavandería colabore en la selección, ya que es ella la que más experiencia tiene y la que mejor conoce las ventajas e inconvenientes del uso de ciertos productos, útiles o maquinaria de lavandería.

En la mayoría de las ocasiones, antes de elegir un proveedor y sus productos, se realizan pruebas de eficacia o demostraciones de rendimiento y uso por parte de la empresa. Será el encargado general o gobernante quien haga el seguimiento de las mismas.

Es conveniente elegir varios proveedores y no centralizar todo en uno solo, por los posibles fallos en el suministro de material que pudieran producirse (falta de existencias, quiebra de la empresa, problemas laborales, incidencias en el reparto, etc.).

Antes de proceder a la selección de los proveedores, debemos tener claro qué productos necesitamos, las calidades y características de dichos productos, la cantidad y la periodicidad de la compra.

Todo proceso de búsqueda y selección de proveedores tiene tres fases, tal como se muestra en el Cuadro 1.6.

CUADRO 1.6. FASES EN EL PROCESO DE BÚSQUEDA Y SELECCIÓN DE PROVEEDORES
1.º BUSQUEDA DE INFORMACIÓN
Las fuentes de información son muy diversas y amplias. Citaremos las más usuales a modo de ejemplo.   • Internet: buscadores, blogs profesionales, páginas de las empresas suministradoras, páginas amarillas, etc.   • Publicaciones especializadas en la actividad de la empresa.   • Ferias y exposiciones comerciales especializadas en el sector. Algunas importantes para el sector alojamientos y el departamento de pisos son HOREQ, HOSTELCO, HORECA y EXPO FOODSERVICE, entre otras. Relacionadas directamente con la lavandería son de interés HYGIENALIA+PULIRE, JET-EXPO y TEXCARE INTERNACIONAL.   • Asociaciones empresariales y profesionales como, por ejemplo, ASEGO (Asociación Española de Gobernantas) y ASTYLCAM Asociación Profesional de Empresarios de Tintorerías y Lavanderías de Madrid, entre otras.   • Cámaras de comercio. Disponen de un gran fichero de empresas censadas y son una gran fuente de información.   • Asociaciones de consumidores y usuarios. La OCU suele publicar estudios muy interesantes sobre análisis y rendimiento de productos y maquinaria relacionados con el lavado de ropa que, aunque siendo de tipo doméstico la mayoría de las veces, nos pueden orientar y ayudar a la selección o elección del mejor producto.   • Fuentes internas de la propia empresa.   • Etcétera.
2.º SOLICITUD DE INFORMACIÓN

Podemos realizarla directamente a través del teléfono, de una carta o del correo electrónico, visitando al proveedor o solicitando la visita de un comercial.
 Debemos tener en cuenta toda la información que nos es preciso requerir relativa a la calidad de los productos, las condiciones económicas, etc.
 Aspectos importantes que tener en cuenta a la hora de solicitar información:
 • Calidad y características de los productos. Debemos conocer los siguientes aspectos:
   — Características técnicas.
   — Composición y calidad.

(Continúa en la siguiente página)

CUADRO 1.6. FASES EN EL PROCESO DE BÚSQUEDA Y SELECCIÓN DE PROVEEDORES
2.º SOLICITUD DE INFORMACIÓN
— Seguridad y ecología. — Garantía. — Servicio posventa. — Servicio atención al cliente. — Servicio de formación de los usuarios. Etcétera. • Condiciones económicas como: — Precio unitario. — Precios de envases y embalajes. — Gastos de transporte, seguros, etc. — Descuentos. — Forma y plazo de pagos. — Recargos por aplazamiento de pago. • Otros: — Plazos de entrega. — Devolución de excedentes. — Validez de los precios y revisión de los mismos. — Cualquier otra que consideremos importante.
3.º SELECCIÓN DEL PROVEEDOR
Una vez recibida la información de todos los proveedores, hay que realizar un estudio comparativo. No siempre la opción más barata es la mejor. Es posible que entre un proveedor más barato y otro un poco más caro existan aspectos que son importantes para nosotros como puede ser el servicio técnico de urgencia en menos de 24 horas, el envase, las cualidades especiales de un producto, etc. Seleccionados los proveedores tendremos que abrir una ficha con todos los datos necesarios para llevar un control y realizar los pedidos.

1.3. Análisis y evaluación de los sistemas, procesos y métodos de lavado de ropa

Una vez conocidos todos los equipos, maquinaria y útiles propios de la lavandería vamos a desarrollar los procesos de lavado de ropa y todos los factores que intervienen en los mismos.

1.3.1. Aplicaciones de los equipos y materiales básicos

Para realizar el proceso completo de lavado de ropa necesitaremos:

• Una lavacentrífuga con toma de agua y evacuado.

• Productos específicos de lavado y desmanchado.

• Una secadora.

Todos ellos sincronizados y programados de tal manera que el resultado sea el óptimo.

1.3.2. Técnicas de lavado y escurrido, descripción, aplicación y control

Según la teoría o círculo de Sinner, para realizar un tratamiento de limpieza o lavado debemos tener en cuenta 4 factores:

1. *La acción mecánica*: consiste en realizar una fricción determinada. El uso de máquinas automáticas mejora considerablemente los resultados. A veces, es preciso realizar una fricción manual al tejido aplicando un desmanchador antes del proceso mecánico del lavado. Las prendas muy delicadas requieren frotados ligeros de forma manual.

2. *La acción química*: empleo de productos químicos adecuados. La elección adecuada del producto químico conforme a lo que hemos explicado en el apartado de productos específicos garantiza los resultados esperados. El poder surfactante o coadyuvante de los detergentes permiten que se pueda reducir la acción mecánica en el proceso de lavado.

3. *El tiempo*: el tiempo se puede entender de dos maneras, es decir, el tiempo de contacto del producto específico de lavado o el tiempo de duración del programa de lavado. Algunos productos no tienen efectividad si no se dejan actuar durante un tiempo determinado como, por ejemplo, los detergentes específicos para el remojado de ropa muy sucia. Con el avance tecnológico en maquinaria de lavado que realizan mejores acciones mecánicas y la evolución de los productos específicos de lavado que actúan con mayor eficacia, los tiempos de lavado se reducen bastante.

4. *La temperatura*: a mayor temperatura, el reactivo del producto químico aumenta. Hay que tener en cuenta la composición del tejido que tratar, ya que algunas fibras como las químicas, la lana y la seda no soportan altas temperaturas. Lo mismo ocurre con tejidos teñidos. La temperatura alta fija las manchas si no se tratan adecuadamente. Ya hemos explicado que, para que el agua oxigenada actúe, necesita temperaturas altas, sin embargo, la lejía lo hace a temperaturas bajas. Los enzimas son sensibles a temperaturas superiores a los 40 °C.

La combinación adecuada de los cuatro factores unidos al agua nos dará como resultado un lavado perfecto. El empleo de aguas determinadas en el lavado de ropa influirá, como veremos en los apartados siguientes, en la elección del producto químico y la temperatura adecuados.

El lavado y posterior escurrido de la ropa se puede realizar de dos maneras:

- Automático: mediante el uso de una máquina lavacentrifugadora. El tipo de lavado y centrifugado pueden programarse de antemano e incluso realizarse por separado.

- A mano: mediante la introducción de la prenda en un barreño, pila o fregadero con agua y jabón, realizando la acción mecánica mediante frotado o cepillado. El escurrido se realizará enrollando la prenda y, si la composición del tejido lo permite, podría introducirse en la centrifugadora eligiendo el menor número posible de revoluciones por minuto. Algunas prendas muy delicadas no permiten el retorcimiento de las mismas, para eliminar el exceso de agua aplicaremos el sistema de tamponado, utilizando un paño o toalla muy absorbentes.

Explicación detallada del proceso o técnica de lavado y escurrido

Antes de proceder al lavado de la ropa, tenemos que clasificarla empleando criterios como el departamento o procedencia, color de la ropa, suciedad, tamaño, tipo de tejido, etc., según el ejemplo que se muestra en el Cuadro 1.7:

CUADRO 1.7. CLASIFICACIÓN DE LA ROPA				
	1.er Contenedor Clasificador	2.º Contenedor Clasificador	3.er Contenedor Clasificador	4.º Contenedor Clasificador
PISOS	Sábanas		Fundas Almohadas	Toallas Alfombrines[1]
RESTAURANTE COCINA BAR	Manteles	Ropa menuda: paños menaje, litos, servilletas		Ropa de cocina
ÁREAS PÚBLICAS				Ropa de aseo: toallas[1]
ROPA CLIENTE. Clasificación especial	Ropa interior de algodón	Prendas de fibras sintéticas	Prendas de algodón	Lana-seda

[1] Se pueden mezclar.

Durante la clasificación de la ropa o en la preparación de los lotes de lavado, detectaremos posibles manchas en las prendas que serán apartadas para tu pretratamiento. Las cintas que puedan llevar algunas prendas tendrán que ser atadas para que no se enganchen en los procesos. Las cremalleras irán cerradas y a la ropa de forma o cerrada se le dará la vuelta, en especial la ropa de color.

Pesamos la ropa de los lotes y nos dirigimos a la zona de lavado para cargar las máquinas.

Comprobar que la máquina lavadora tiene conexión a la red, que la toma de agua está abierta y que existe suficiente cantidad de productos de lavado para realizar el proceso.

Llenar el bombo hasta su capacidad sin presionar la ropa y cerrar la puerta teniendo cuidado de que las prendas no se queden enganchadas. Para prendas de algodón, el llenado de la lavadora será completo (1:10), y, para prendas sintéticas o delicadas, se recomienda un llenado medio (1:18 o 1:20). Iremos alternando lavadoras de ropa que precisan planchado con lavadoras que solo precisan secado.

Toda máquina lavadora dispone de programas determinados para cada tipo de ropa que debemos usar según las indicaciones. Los programas tienen una configuración de tiempo y temperatura predeterminados. La dosificación de los productos de lavado puede ser manual (no aconsejable) o automática. Las máquinas lavadoras actuales llevan incorporado un programador de dosificación automática que deben configurar los expertos y que permite usar distintos productos de lavado y blanqueado en dosificación adecuada, según la ropa que se va a tratar sin peligro de errores en su manipulación.

Todo proceso de lavado lleva una secuenciación asociada a una temperatura, tiempo y nivel de agua:

- Remojado. Frío. Nivel de agua alto. Solo se emplea para prendas muy sucias.
- Prelavado. Templado (hasta 40 °C). Nivel de agua bajo.
- Lavado. Caliente (según fibras hasta 90 °C). Nivel de agua bajo. Es el que más tiempo emplea.
- Precentrifugado. Muy corto.
- Aclarados. Frío o de templado a frío. Existen hasta cuatro aclarados siendo el nivel de agua alto en el primero y bajo en los restantes.
- Centrifugado.

Para facilitar el trabajo de los operarios, contaremos con una etiqueta visible, adecuada a nuestras necesidades, que nos indique los programas que seleccionar según los tratamientos.

Así, por ejemplo, en un establecimiento de alojamiento donde se trate toda la ropa de habitaciones, cocina y sala, deberá contar con, al menos, los siguientes programas:

- Sábanas blancas.
- Sábanas color.
- Toallas habitación.
- Toallas de piscina o *spa*.
- Alfombrines de baño.

- Colchas.
- Mantas y edredones.
- Mantelería blanca.
- Mantelería de color.
- Ropa muy sucia.
- Ropa delicada.

A modo de ejemplo, en las Figuras 1.3 y 1.4 se muestran las etiquetas personalizadas que aparecen en la lavadora para facilitar al operario el manejo de la misma.

PROGRAMA LAVADO ROPA	PROGRAMA DOSIFICADOR	TIEMPO
21. ROPA COLOR	1	75 minutos
22. ROPA BLANCA	2	90 minutos
23. ROPA DELICADA	3	60 minutos
24. CENTRIFUGADO	-----------------------	8 minutos

Figura 1.3. Ejemplo de etiqueta personalizada de programas de lavado y de dosificación básicos.

PROGRAMA LAVADO ROPA	PROGRAMA DOSIFICACIÓN	TEMPERATURA LAVADO	TIEMPO	BLANQUEANTE
Albornoces y fundas	F1	45 °C	45 minutos	Clorado
Delicado	F2	30 °C	35 minutos	-----------
Edredones	F3	40 °C	35 minutos	Oxigenado
Colchas y cubrecolchas	F4	40 °C	45 minutos	Oxigenado
Ropa de color	F5	35 °C	35 minutos	Oxigenado
Ropa personal blanca	F6	50 °C	40 minutos	Clorado
Ropa personal color	F7	45 °C	45 minutos	Oxigenado
Cocina	F8	50 °C	45 minutos	Clorado

Figura 1.4. Ejemplo de etiqueta personalizada de programas de lavado y dosificación completa.

Una vez que la lavadora esté cargada y hayamos cerrado la puerta, seleccionamos el código del programa de dosificación que corresponda al programa de lavado y accionamos la tecla ON, en caso de dosificación manual, echaremos la cantidad de producto necesario en los compartimentos destinados para ello. A continuación, tecleamos el código de lavado y accionamos START/ON. La lavadora realizará el proceso de lavado y de centrifugado de manera automática. En el panel de control irán apareciendo las indicaciones del ciclo en el que se encuentra el programa, aviso de posibles errores y finalización del programa.

La señal luminosa y/o acústica nos indicará el fin del programa. Abrir la puerta con cuidado y vaciar poco a poco la ropa, no dando tirones para evitar roturas. Depositar en contenedor con ruedas y llevar a la zona de secado o planchado, según proceda.

1.3.3. Tipos de agua en función de sus aplicaciones y medidas correctivas que se deben aplicar en cada caso

El agua es un componente básico e imprescindible en el lavado de ropa. La calidad del agua se mide por su pH. El pH (potencial de hidrógeno) es una medida de la acidez o alcalinidad de una disolución. El pH del agua puede variar de 0 a 14. Se dice que el agua es ácida o ligeramente ácida cuando tiene un pH inferior a 7 y base o alcalina cuando es superior (menor concentración de hidrógeno). Se considera zona neutra a la comprendida entre un pH de 6 y 8. Conocer el pH del agua con el que vamos a tratar la ropa es muy importante, ya que, por ejemplo, la reacción del cloro solo se produce cuando el pH se encuentra entre 6,5 y 8.

El agua nunca se encuentra en estado puro, ya que en su composición podemos encontrar sustancias químicas y minerales como las sales de calcio y magnesio, el hierro, el cobre y el cloruro que influyen en su dureza.

Se dice que un agua es dura cuando contiene gran cantidad de sales de calcio y magnesio. La dureza del agua se mide empleando grados franceses (°fH) que equivalen a 1 gramo de carbonato cálcico por 100 litros de agua. Así, tenemos los siguientes tipos de agua según dureza:

TIPOS DE AGUA	°fH
BLANDA	De 0 a 10 °fH
SEMIDURA	De 11 a 20 °fH
DURA	De 21 a 40 °fH
MUY DURA	Más de 40 °fH

La dureza del agua puede variar según la fuente de suministro (general o pozo), estación del año, nivel de sequía y el área geográfica donde se localice.

Aunque calidad y dureza del agua son dos características independientes, el agua blanda suele tener un pH neutro o ligeramente ácido y el agua dura un pH alcalino.

La alcalinidad del agua es otro aspecto que hay que tener en cuenta para realizar el lavado de ropa. Es una medida que se refiere a la capacidad del agua para neutralizar ácidos y depende de la suma de sales minerales (bicarbonato, sulfatos, carbonatos, hidróxidos, etc.) en su composición. Existen dos tipos de mediciones de alcalinidad, la total (TAC) y la simple (TA), a partir de las cuales se puede determinar las concentraciones en carbonato, bicarbonato e hidróxido. Se mide en las mismas unidades que la dureza.

El agua apropiada para el lavado de ropa debe tener las siguientes características:

---

pH entre 6 y 7,5
Dureza menor de 6 °fH (blanda). Ideal de 4 a 5 °fH
Alcalinidad. TA= 0 °fH y TAC = < 25 °fH
Hierro menor de 0,1 ppm
Manganeso menor de 0,5 mg/l

Toda empresa suministradora de maquinaria y productos de lavado elabora análisis previos de la calidad y composición del agua para aconsejar el producto más adecuado y establecer las medidas correctivas necesarias. En el caso de la maquinaria, se pueden instalar descalcificadores a base de resinas de intercambio iónico, además de otros sistemas de tratamiento de agua como la filtración, floculación y ósmosis inversa. En el de productos de lavado elegiremos el más adecuado.

1.3.4. Productos químicos

En apartados anteriores hemos explicado los productos específicos para el lavado y blanqueo de ropa. En este apartado expondremos otros productos que también se usan en la lavandería y que no han sido desarrollados.

Podemos clasificar los productos químicos por su pH. La escala del pH varía de 0 a 14 en disoluciones acuosas, siendo ácidas las disoluciones con un pH menor a 7 y alcalinas o básicas las que tienen un pH mayor a 7. Una disolución neutra pura tiene un pH de 7, no obstante se consideran neutros los pH comprendidos entre 6 y 8.

El pH se puede medir con tiras de papel tornasol o tiras de pH que se introducen en el producto y cambian de color dependiendo de su acidez o alcalinidad. Para conocer el pH del producto, compararemos el color de la tira con la que nos indica el fabricante. Existen también medidores electrónicos (pHmetros) que nos marcan directamente el valor del pH en una pequeña pantalla.

En el Cuadro 1.8, aparecen los productos de lavado, blanqueo y desmanchado de ropa clasificados por grupos según sean ácidos, neutros o alcalinos, indicando entre paréntesis el pH que les corresponde y el tipo de suciedad que tratar.

CUADRO 1.8. EL pH DE LOS PRODUCTOS QUÍMICOS DE LAVADO, BLANQUEO Y DESMANCHADO DE ROPA. APLICACIONES			
pH	0... 1... 2... 3... 4... 5...	6... 7... 8...	9... 10... 11... 12... 13... 14...
CLASIFICACIÓN	*ÁCIDOS*	*ZONA NEUTRA*	*BÁSICOS O ALCALINOS*
PRODUCTO	• Ácido clorhídrico (cloruro de hidrógeno o aguafuerte) (0 a 1). • Ácido oxálico (1,3). • Ácido cítrico (2). • Ácido acético (vinagre) (3). • Ácidos succínico, tártrico, láctico, adípico y glucurónico. • Ácido fosfórico. • Ácido sulfámico. • Peróxido de hidrógeno (agua oxigenada) (de 0 a 3). • Detergente para lavado de ropa ácido.	• Agua destilada (7). • Jabón o detergente neutro. • Tiosulfato sódico (6 a 8,5). • Disolventes en general. • Percloro y tricloroetileno (6 a 8,5). • Hidrosulfito de sodio (7 a 9). • Alcohol etílico (etanol) (7 a 7,2). • Acetona (porpanona) (7). • Aguarrás (esencia de trementina) (6). • Benceno (benzol). • Disolvente universal.	• Sosa cáustica (hidróxido de sodio) (14). • Potasa (14). • Lejía (hipoclorito sódico) (13). • Amoniaco (12). • Jabón (8 a 14). • Bicarbonato sódico (9). • Quitagrasas o desengrasante específico. • Detergente para lavado de ropa alcalino. • Detergente desengrasante-humectante.
TIPO DE SUCIEDAD QUE TRATAR Y PROPIEDADES	**Suciedad inorgánica o salina.** Tienen poder antical y desincrustante. Disuelven sedimentos minerales provenientes del agua (carbonato cálcico) y sustancias alimentarias como los fosfolípidos y calcio de la leche, los taninos de los vinos, el ácido oxálico de los vegetales, etc. Los ácidos minerales son corrosivos y oxidantes. Algunos se usan en productos para el aclarado de ropa (acético, cítrico, tartárico, etc.).	**Suciedades medias y bajas.** Tejidos tintados o manchas con color. Desteñidos. Disolventes de grasas y pinturas.	**Orgánica o grasa.** Ceras, proteínas y grasas medias y fuertes. Algunos se emplean como blanqueantes.

La mayoría de los productos químicos expuestos, tanto ácidos como alcalinos, forman parte de la composición de los detergentes, sin embargo, algunos pueden usarse, al igual que los disolventes y productos neutros, para el desmanchado de ropas. En general, los productos químicos puros son bastante peligrosos, tanto para los tejidos y los recipientes como para los manipuladores, por ello extremaremos las normas de utilización de los mismos explicadas con anterioridad.

Para aplicar correctamente un producto químico, tanto en el lavado, el blanqueo o el desmanchado de la ropa, tenemos que conocer su dosificación. Algunos productos deben aplicarse directamente, otros poseen distintas concentraciones y tienen que ser dosificados correctamente.

La dosificación es la cantidad de producto que debemos emplear y su proporción respecto a la de agua cuando usamos la misma como solvente. Para ello, tendremos en cuenta las recomendaciones que aparecen en las etiquetas del producto.

Una dosificación inferior a la recomendada requiere un mayor uso de la acción mecánica o un aumento de la temperatura y puede no ser eficaz.

Una dosificación excesiva hace que desperdiciemos el producto. Además, vamos a requerir más aclarados y, en ocasiones, quedan restos o manchas que, además de requerir tratamientos posteriores, pueden deteriorar la ropa.

La proporción del producto viene indicada en la etiqueta de tres formas:

- Como división: ejemplo 1:4. Es decir, una parte de producto y tres de agua.

- Como fracción: ejemplo 1/4. Una parte de producto y tres de agua.

- Como porcentaje: ejemplo 25 %. En este caso, para calcular la cantidad de agua, restamos a 100 (total) la cantidad de producto que en este caso es 25 y nos da como resultado 75. Dividiremos 75 entre 25, dándonos como resultado 3. Lo que es lo mismo: una parte de producto y tres de agua equivalente a una parte de producto en cuatro de dilución.

Algunos productos, como la lejía o hipoclorito sódico, se presentan en distintas concentraciones. No es lo mismo utilizar una concentración baja que una alta. En este caso, tendremos en cuenta el contenido en gramos del producto para el cálculo de la dosificación. La lejía es un producto que se ha usado como blanqueante en la lavandería tradicional. La concentración de la lejía va de 20 a 80 gramos de cloro por litro, empleando en lavandería la de mayor concentración. Para calcular la dosificación de la lejía tenemos dos métodos:

- El método más fácil, pero menos preciso, es aplicar 1 gramo de cloro por kilogramo de ropa.

- Un método más fiable es aplicar una fórmula que tiene en cuenta los litros de agua del baño y el factor que se aplica en función de la temperatura del agua, además de la concentración del producto. A menor temperatura, mayor dosificación.

TEMPERATURA	FACTOR
20 °C	0,5
30 a 40 °C	0,4
50 a 60 °C	0,3

$$\text{Dosificación lejía en litros} = \frac{\text{litros de agua} \times \text{factor}}{\text{concentración de la lejía}}$$

Los litros de agua se calculan hallando la capacidad en agua de la máquina, unos 5 litros por kilogramo (1:5) de capacidad total de la máquina en el momento del proceso de aclarado-blanqueo. Un nivel alto podría ser 7 u 8 litros en ciertos procesos de lavado de ropa delicada (1:7 o 1:8) o en los prelavados.

Ejemplo: hallar la dosificación de lejía de alta concentración para el lavado de ropa blanca de algodón a 40 °C en lavadora de capacidad de 20 kg.

$$\text{Litros/lejía} = \frac{20 \times 5 \times 0,4}{80} = 0,5 \text{ litros}$$

Si empleáramos el primer método, 1 gramo de cloro por kilogramo ropa, en este supuesto, obtendríamos como resultado 20 gramos de cloro, que, usando lejía de alta concentración (80 g cloro/litro), deberíamos emplear un cuarto de litro.

La lejía no debe utilizarse en temperaturas superiores a 60 °C, no obstante, los programas de las máquinas lavadoras incorporan el producto en el aclarado que siempre es en frío o templado. Hoy en día, la mayoría de los detergentes industriales incorporan blanqueantes en su composición que nos permite reducir o eliminar el uso de la lejía en el aclarado, además de existir otros blanqueantes menos dañinos para la ropa.

1.3.5. Temperatura

La temperatura es uno de los cuatro factores que intervienen en el lavado de la ropa.

A lo largo del presente capítulo, hemos hablado y hablaremos de la temperatura, sin embargo, es conveniente tener en cuenta una serie de conceptos fundamentales. Siempre elegiremos la temperatura adecuada al tipo de tejido que tratar y su tintado, al tipo de suciedad y a los productos químicos que usemos en el lavado y blanqueo.

- La temperatura alta mejora la acción química de la mayoría de los detergentes, pero aumenta el consumo energético y fija algunas manchas.

- Si tenemos que emplear temperaturas por debajo de 50-60 °C en el lavado, deberemos aumentar el tiempo o cargar menos la lavadora.

- Si usamos compuestos de agua oxigenada, necesitaremos temperaturas altas.

- Altas temperaturas en el lavado de ropa sucia o muy sucia, mejoran los resultados, pero aumenta la aparición de arrugas en las prendas y decoloran la misma.

- Prendas delicadas y tejidos con colores no sólidos, se lavarán siempre en frío o templado.

- Siempre emplearemos la menor temperatura posible para evitar desteñidos y arrugas en la ropa y reducir el consumo energético.

1.3.6. Tipos de suciedad

Entendemos por suciedad a la aparición de manchas en la ropa que hacen que su aspecto físico no sea aceptable. La suciedad se puede clasificar de dos maneras:

- Por su origen:
  - Polvo.
  - Producidas por las industrias y tráfico (contaminación).
  - Producidas por el clima.
  - Producidas por actividades domésticas.

- Por su naturaleza:
  - Pigmentarias: hollín, arenillas, etc. Suelen eliminarse en el lavado.
  - Biológicas: sangre, sudor, etc. Son difíciles de eliminar.
  - Grasas: aceite, mantequilla, cremas, etc. Tienen que ser eliminadas con sustancias absorbentes y/o desengrasantes o con disolventes.
  - Coloreadas: vino, café, hierba, etc. Precisan el uso de decolorantes para su eliminación.
  - Mixtas: maquillaje, carmín, chocolate, etc. Están compuestas de grasas y colorantes o proteínas y colorantes, etc. Su eliminación es complicada.

Tratamiento de las manchas

Si las manchas se detectan a tiempo, deben tratarse antes del lavado, ya que seguramente se fijen por las temperaturas del mismo. Otras veces, las manchas aparecen después del lavado por la acción del agua o de algunos productos químicos.

Cuando después del lavado las prendas quedan manchadas, las volveremos a lavar y, si las manchas persisten, entonces tendremos que someterlas a un tratamiento de desmanchado.

Es más fácil eliminar las manchas en tejidos de fibras naturales que en el resto de fibras.

Las manchas pueden clasificarse en:

- Solubles en agua:
  - Las que contienen albúmina: pueden ser de origen animal o vegetal. Las más comunes son sangre, sudor, leche y derivados, huevo, salsas, chocolates. Si son recientes, se quitan con facilidad. A 45 °C, la albúmina se coagula y, por tanto, se fija. Una vez que la mancha se fija, solo se puede eliminar con enzimas y continuos lavados.
  - Las que contienen taninos: el tanino está presente en frutas, hierba, extractos vegetales como el té y el café, cerveza, vino tinto, tabaco, medicamentos, etc. Si es reciente, resulta fácil de reconocer y eliminar. En contacto con la albúmina de las fibras naturales, provoca una reacción química que dificulta el desmanchado. Se fijan si están sometidas a alcalinidad o a temperatura.
  - Las que contienen azúcar: los azúcares forman parte de muchos alimentos, frutas y refrescos. Si la mancha se somete a más de 50 °C, se fija. Reaccionan con la albúmina de las fibras naturales provocando manchas difíciles de eliminar.
- Solubles en disolvente.
  - De color: son manchas de tintes. El tinte puede estar disuelto como ocurre en el caso de los colorantes o no disuelto en el caso de los pigmentos (esmalte de uñas, barra de labios, pinturas, lacas, etc.). Las manchas de colorantes se tratan con agua y las de pigmentos, con disolventes.
  - De grasa o aceite: pueden ser de origen animal, vegetal o mineral. Las fibras sintéticas son oleófilas (retienen las sustancias grasas).

Para que el desmanchado sea adecuado debemos tener en cuenta lo siguiente:

- El tipo de tejido que compone la prenda que vamos a tratar. El lino y algodón en blanco pueden tratarse con altas temperaturas y blanqueantes a base de cloro.

La lana y la seda son muy delicadas, tomaremos todo tipo de precauciones en su desmanchado. Las manchas en fibras químicas son difíciles de tratar.

- La solidez del colorante. Algunos productos pueden decolorar la ropa. Habría que probar en un lugar poco visible antes de tratar el tejido.

- El estado de la ropa que tratar. Las ropas viejas y castigadas no deben tratarse.

- Tiempo de la mancha. Cuando una mancha está incrustada o ya lleva tiempo, seguramente que no se pueda eliminar.

- La temperatura. El efecto de altas temperaturas afecta negativamente en las manchas, haciéndolas permanentes o fijas.

El procedimiento general de desmanchado se compone de:

- Acción mecánica: consiste en romper la materia que forma la mancha. Para ello, podemos usar cepillos de cerda suave, espátulas, muñequillas, productos absorbentes, etc. El empleo profesional de pistola de vapor facilita la acción mecánica. La acción mecánica manual siempre se realizará con cuidado, empleando los métodos de tamponado, absorción o cepillado suave.

- Acción del solvente: algunas manchas se pueden disolver en agua y en otras es necesario el empleo de disolventes, siempre con ayuda de la acción mecánica.

- Acción química: permite que algunas manchas se vuelvan solubles. Las manchas de color se eliminan con blanqueantes que tienen que ser eliminados tras su aplicación.

- Lubricar y ablandar: la mayoría de las manchas tienen que ser ablandadas y lubricadas, en especial las duras. Este método es imprescindible en aquellas manchas que contengan pigmentos. Para que el producto ablande la mancha, es necesario dejar actuar un tiempo. Siempre nos ayudaremos de la acción mecánica.

- Digestión: las manchas de azúcar, albúmina y proteínas que se hayan fijado tienen que ser tratadas con enzimas para que las sustancias se hagan solubles en agua. Las enzimas necesitan tiempo de acción (30 minutos) y temperaturas entre 32 y 42 °C. Una vez finalizado el proceso, es necesario eliminar los restos, preferiblemente con pistola de agua.

Para la eliminación de las manchas, se emplea una serie de sustancias que podemos resumir en:

- Sustancias absorbentes: obran por absorción de la mancha. Son de acción lenta. Ejemplos: magnesia, polvos de talco, nitrato potásico, yeso, sal de acedera (ácido oxálico), almidón, etc.

- Sustancias disolventes: son de gran rapidez de actuación. Ejemplo: agua, éter, sulfúrico, amoniaco, esencia de trementina, bencina, alcohol de vino (etanol).

- Sustancias neutralizantes: obran por reacción química y deben utilizarse con mucha cautela, ya que decoloran rápidamente los tejidos. Ejemplo: ácidos acético, cítrico y clorhídrico.

En el Cuadro 1.9 presentamos una guía de productos y procedimientos de eliminación de manchas.

CUADRO 1.9. TABLA QUITAMANCHAS			
CLASE DE MANCHA	COLOR DE LA MANCHA	PRODUCTO DESMANCHADO	PROCESO DE ELIMINACIÓN
Aceite	Amarillo-marrón	Percloroetileno o tricloroetileno	Humedecer un paño con el producto y frotar ligeramente la mancha. Aclarar. Lavado normal.
Albúmina cocida	Amarillo-marrón	Ácido clorhídrico + pepsina (enzima)	Añadir 2,5 g de pepsina más 5 g de ácido clorhídrico por litro de agua. Tiempo de remojo de 6 a 8 horas. Aclarado y posterior lavado normal. Blanqueo con oxidantes.
Alquitrán	Marrón oscuro	Grasa o aceite vegetal + bencina o quitamanchas de grasas	Impregnar la mancha con grasa o aceite para ablandarla. Retirar restos con espátula. Eliminar restos con bencina. Aclarar. Lavado normal.
Barra de labios	Varios colores	Detergente desengrasante-humectante en polvo	Frotar ligeramente la mancha con detergente disuelto en agua.
		Tiosulfato sódico	Poner en solución con tiosulfato (10 g por litro) a 80 o 90 °C durante 30 minutos. Lavado normal y blanqueo con oxidantes.

(Continúa en la siguiente página)

CUADRO 1.9. TABLA QUITAMANCHAS			
CLASE DE MANCHA	COLOR DE LA MANCHA	PRODUCTO DESMANCHADO	PROCESO DE ELIMINACIÓN
Blanqueante óptico en tejidos nuevos	Blanca	Sosa cáustica + detergente lavado de ropa alcalino	Hervir 30 minutos en solución de sosa cáustica (de 5 a 10 g por 100 cm^3). Cuidado con los gases que se desprenden. Aclarar y efectuar de uno a dos lavados cargando la máquina 1:16 o 1:18 lavando con alta concentración durante mínimo una hora.
Café, cacao o té	Marrón	Yema + alcohol	Frotar la mancha con una mezcla de yema de huevo y alcohol. Aclarar y lavar.
		Glicerina	Frotar con glicerina y lavar.
		Bencina	Si tuviera leche frotar con bencina y lavar.
Cemento	Gris	Ácido fórmico	Dosificación de 20 g por litro. Temperatura 80 °C. Tiempo 30 minutos. Lavado normal.
Cera de vela	Transparente Varios colores	Papel secante (estraza) + cloretileno + detergente desengrasante-humectante en polvo	Levantar la cera con prudencia. Planchar la mancha entre dos hojas de papel secante. Untar con cloretileno y detergente. Frotar suavemente a mano. Realizar lavado normal.
Cinc	A contraluz: gris-negro Sobre luz: blanca	Vinagre	Hervido en solución de agua con vinagre en proporción 1:1. Realizar lavado normal.

(Continúa en la siguiente página)

CUADRO 1.9. TABLA QUITAMANCHAS			
CLASE DE MANCHA	COLOR DE LA MANCHA	PRODUCTO DESMANCHADO	PROCESO DE ELIMINACIÓN
Crema de zapatos	Varios colores	Cloretileno + detergente desengrasante-humectante en polvo	Frotar a mano con cloretileno y detergente. Untar nuevamente con el detergente. Realizar lavado normal.
		Disolvente + tiosulfato sódico	Retirar restos con un paño humedecido en disolvente. Eliminar color con dosificación de 10 g de tiosulfato por litro de agua. Temperatura de 80 a 90 °C. Tiempo 30 minutos.
Crema solar (Avobenzona)	Amarillo	Desengrasante potente + blanqueador óptico.	Lo primero es eliminar el filtro UV del tejido rociando la mancha con un desengrasante potente líquido. Proceder a lavar la prenda y añadir un blanqueador óptico en el aclarado. Para evitar la aparición de manchas de crema solar, conviene lavar siempre las prendas con productos que contengan, por un lado, desengrasantes potentes y, por otro, secuestrantes para evitar la interacción de los iones metálicos en el agua.

(Continúa en la siguiente página)

CUADRO 1.9. TABLA QUITAMANCHAS			
CLASE DE MANCHA	COLOR DE LA MANCHA	PRODUCTO DESMANCHADO	PROCESO DE ELIMINACIÓN
Chamuscado ligero	Marrón	Agua oxigenada u oxígeno activo o bórax	Existen tres métodos: untar y tamponar con una solución al 1 % de oxígeno activo. Hervir en solución de 6 g por litro de oxígeno activo. Humedecer con una solución de bórax. Secar. Lavado normal.
Desteñido en ropas blancas	Varios	Hidrosulfito de sodio	Dosificación de 10 a 20 g por litro. Temperatura de 80 a 90 °C. Tiempo 30 minutos. Si el desteñido vuelve a aparecer a la luz no se podrá eliminar.
Fruta en ropa blanca	Amarillo-anaranjado	Reciente: hipoclorito sódico	Remojar la mancha en agua fría y lavar con agua caliente y lejía.
Grasa	Amarillenta, verde o gris	Reciente: polvo de talco o sustancia absorbente	Espolvorear la mancha con sustancia absorbente, dejar secar una hora, cepillar y lavar.
		Detergente desengrasante-humectante en polvo o pasta	Untar la mancha con detergente. Seguir el proceso de lavado normal con dosificación alta de ropa grasienta.
		Antigua: disolvente	Aplicar disolvente, tamponar, secar y lavar.
		Quitamanchas específico para grasa	Aplicar el producto, dejar secar, cepillar y lavar.

(Continúa en la siguiente página)

CUADRO 1.9. TABLA QUITAMANCHAS			
CLASE DE MANCHA	COLOR DE LA MANCHA	PRODUCTO DESMANCHADO	PROCESO DE ELIMINACIÓN
Hierba	Verde	Quitamanchas específico con oxígeno activo	Aplicar sobre la mancha. Lavado normal.
Hierro (óxido) o manganeso	Amarillo-anaranjado	Ácido oxálico	Dosificación de 20 a 40 g de ácido oxálico por litro de agua. Temperatura 80 °C. Tiempo 15 minutos. Aclarar. Lavar con detergente alcalino.
Humedad fresca	Verde	Oxígeno activo	Dosificación de 4 a 6 g de oxígeno por litro de agua. Temperatura 90 °C. Tiempo 20 minutos.
Humedad envejecida	Verde oscuro	Lejía	Dosificación de 0,75 a 1 litro de lejía corriente en 10 litros de agua. Temperatura fría. Tiempo de 30 minutos a 2 horas.
Laca de uñas	Varios colores	Acetona + detergente desengrasante-humectante en polvo	Impregnar la mancha con acetona y detergente, cepillar. Lavado normal y blanqueo con oxígeno activo.
Leche	Blanco	Bencina	Tamponar la mancha con un paño humedecido en bencina. Aclarado.
Lubrificante	Marrón	Detergente desengrasante-humectante en polvo + cloretileno	Untar la mancha con detergente y cloretileno. Frotar.

(Continúa en la siguiente página)

CUADRO 1.9. TABLA QUITAMANCHAS			
CLASE DE MANCHA	COLOR DE LA MANCHA	PRODUCTO DESMANCHADO	PROCESO DE ELIMINACIÓN
Lubrificante	Marrón	Ácido oxálico	Poner en disolución de ácido oxálico a razón de 2 a 3 % durante 15 minutos a 90 °C. Lavado normal y blanqueo con oxidantes.
Nicotina	Marrón	Tiosulfato sódico	Dosificación de 10 g de tiosulfato por litro de agua. Temperatura de 80 a 90 °C. Tiempo 30 minutos. Lavado normal con doble dosificación de lejía u oxígeno activo.
Mantequilla	Marrón	Ácido acético industrial al 60 %	Dosificación al 2 o 4 %. Temperatura 90 °C. Tiempo 20 minutos. Aclarado. Lavado normal y blanqueo con oxidantes.
Maquillaje	Beis a marrón	Detergente desengrasante-humectante en polvo + cloretileno	Untar y cepillar la mancha con el disolvente más el detergente. Lavado normal.
		Tiosulfato sódico	Poner en solución con tiosulfato (10 g por litro) a 80 o 90 °C durante 30 minutos. Lavado normal y blanqueo con oxidantes.
		Amoniaco	Remojar en agua fría o tibia y, a continuación, frotar con agua amoniacada. Lavado normal.

(Continúa en la siguiente página)

		CUADRO 1.9. TABLA QUITAMANCHAS	
CLASE DE MANCHA	COLOR DE LA MANCHA	PRODUCTO DESMANCHADO	PROCESO DE ELIMINACIÓN
Sangre cocida	Amarillo	Pepsina + ácido clorhídrico	Dosificación de 5 g de ácido clorhídrico más 2,5 g de pepsina por litro de agua. Temperatura 30 °C. Tiempo de 6 a 8 horas. Aclarado. Lavado normal y blanqueo con oxidantes.
Sangre seca	Marrón	Agua oxigenada o vinagre	Frotar la mancha con paño humedecido en agua oxigenada o vinagre. Lavado normal.
Suciedad fuerte	Amarillo a negro	Detergente desengrasante-humectante en polvo o pasta	Untar profundamente la mancha con detergente. Lavado normal.
Sudor	Amarillo	Bicarbonato sódico	Cepillar la mancha con una pasta de bicarbonato y agua. Dejar actuar unos 60 minutos. Lavado normal.
		Peróxido de hidrógeno	Remojar la prenda con una disolución de agua y peróxido. Frotar. Lavado normal.
		Bicarbonato de sodio + vinagre blanco	Untar la mancha con una pasta de bicarbonato y agua. Añadir el vinagre y dejar actuar. Lavado normal.

(Continúa en la siguiente página)

CUADRO 1.9. TABLA QUITAMANCHAS			
CLASE DE MANCHA	COLOR DE LA MANCHA	PRODUCTO DESMANCHADO	PROCESO DE ELIMINACIÓN
Tinta de bolígrafo	Varios colores	Tiosulfato sódico	Dosificación de 10 g por litro. Temperatura de 80 a 90 °C. Tiempo 30 minutos. Lavado normal con doble dosificación de oxígeno activo.
		Alcohol	Sumergir sin frotar. Dejar actuar. Lavado normal.
		Leche caliente	Sumergir sin frotar. Dejar actuar. Lavado normal.
Tinte de cabello	Marrón-negro	Yoduro potásico + yodo	Disolver 1 g de yoduro más 0,1 g de yodo en 100 cc de agua. Untar la mancha con esta disolución y dejar actuar 10 minutos. Lavado normal.
		Tiosulfato sódico	Aclarar con solución de tiosulfato (20 g por litro) a 50°C. Seguir lavado normal.
Vino	Amarillo-naranja	Jabón líquido + agua oxigenada o amoniaco	Frotar la mancha con jabón y agua oxigenada o amoniaco rebajado. Aclarar y lavar.
		Quitamanchas específico con oxígeno activo	Aplicar sobre la mancha y lavar.
Yodo	Marrón	Tiosulfato sódico	Igual al proceso de la nicotina.

(Continúa en la siguiente página)

El desmanchado de la ropa se puede realizar mediante el empleo de maquinaria específica como, por ejemplo, la «mesa de desmanchado con plato aspirante». Es muy fácil de usar, ya que existen productos específicos para cada tipo de mancha que se aplican directamente con pistola. La acción mecánica es muy suave y se realiza con pistola de vapor/aire. El aclarado y posterior secado son rápidos y cómodos. El inconveniente de este tipo de maquinaria es el espacio que ocupa y el coste que muchas veces no se amortiza.

1.3.7. Análisis de los tipos de agua en función de sus aplicaciones y medidas correctivas que se deben aplicar en cada caso

Hemos visto la calidad y composición del agua y el tipo de agua más adecuada para el lavado de ropa. Debemos conocer y analizar los efectos que producen los componentes del agua para aplicar las medidas correctivas oportunas.

- **Aguas duras.** Tienen bastantes inconvenientes para la maquinaria y el lavado de ropa como se indica a continuación:

  — Las sales de calcio y magnesio se incrustan en las calderas, tuberías y maquinaria de lavado produciendo averías importantes y acortando la vida útil de la maquinaria.

  — El empleo de agua dura en el lavado exige un aumento en la dosis de jabón o detergente, ya que se forman jabones cálcicos y magnésicos insolubles en agua debido a la reacción de los iones de calcio y magnesio con parte de ácido graso de los jabones. Para producir espuma necesitaremos un 7 % más de detergente que si empleamos agua blanda lo que encarece el proceso.

  — Los jabones insolubles atraen la suciedad en la solución de lavado dando un aspecto grisáceo a la ropa.

  — Las sales se precipitan sobre la ropa necesitando una acción mecánica mayor para conseguir un buen lavado. Esto acorta la vida útil de la ropa, aparecen pequeñas roturas y además hacen que la ropa tenga un aspecto «acartonado».

  — Debido a los sedimentos que se producen en la ropa pueden aparecer problemas en el calandrado.

  — En general, este tipo de agua dificulta la eliminación de manchas.

  — Existe una pérdida de higiene y proliferación de bacterias.

  Como única ventaja de este tipo de agua, señalar que es buena para realizar el último aclarado de la ropa, ya que dificulta la aparición de espuma.

Para este tipo de aguas emplearemos detergentes con fosfatos (secuestrantes) y poca espuma. Además, el agua se encontrará a la mayor temperatura que permita el tejido que tratar, ya que la eficacia de los detergentes aumenta con la temperatura.

- **Aguas blandas.** Son las ideales para realizar el lavado de ropa, puesto que se necesita menos dosificación de detergentes que las aguas duras. Los detergentes actúan mejor en el agua blanda, pero producen más espuma que en el agua dura.

  Necesitaremos más agua para realizar los aclarados.

- **Aguas con pH alto.** El agua con un pH alto requiere el aumento de neutralizantes y mayores aclarados para neutralizar la alcalinidad residual y las trazas de cloro activo que pueden producir color amarillento en la ropa, problemas de calandrado y problemas de alergia cutánea.

- **Aguas con alcalinidad alta.** La alcalinidad superior a los valores indicados dificulta la consecución del pH adecuado, teniendo que aumentar el consumo de neutralizantes ácidos. La ropa puede aparecer con manchas amarillas debido a la reacción de los bicarbonatos por acción del calor.

- **Aguas con contenidos en hierro superiores a 0,1 ppm.** Cuando se usa conjuntamente con blanqueantes químicos no estabilizados (lejía, perborato), ocasiona daños catalíticos (deterioro químico) a la ropa de algodón apareciendo pequeños agujeros; la ropa amarillea, aparecen manchas anaranjadas, y los textiles pierden resistencia.

  Se aconseja el uso de detergentes ricos en blanqueantes químicos estabilizados (cloro activo estabilizado).

- **Aguas con contenidos en manganeso superiores a 0,5 mg/l.** Tienen los mismos efectos que las aguas con alto contenido de hierro. Se reconoce por la aparición de manchas rosáceas en la ropa.

1.3.8. Ropa de clientes, clasificación y tratamiento

Todos los hoteles, sean de la categoría que sean, y los hostales de categoría superior tienen la obligación de ofrecer el servicio de lavado-planchado de ropa a sus clientes.

Este servicio es una fuente de ingresos importante para el establecimiento y debe cuidarse en extremo, ya que de él depende, en parte, la calidad del servicio y la imagen.

Contar con instalaciones, maquinaria y personal adecuados para prestar el servicio y en especial la limpieza en seco no siempre es posible. Es por ello que existen distintos tipos de organización. Así, por ejemplo, la limpieza en seco suele encargarse a una empresa externa (tintorería) que garantice un servicio de calidad en poco tiempo. En cuanto al lavado y planchado de ropa de clientes, lo mejor es procesarla en el propio establecimiento para tener un mayor control de los resultados. Los establecimientos pequeños que no puedan realizar el proceso, deberán contar con el servicio externo de una lavandería-tintorería.

El circuito completo del servicio de lavado y planchado de clientes es el que se muestra en el flujograma en la Figura 1.5.

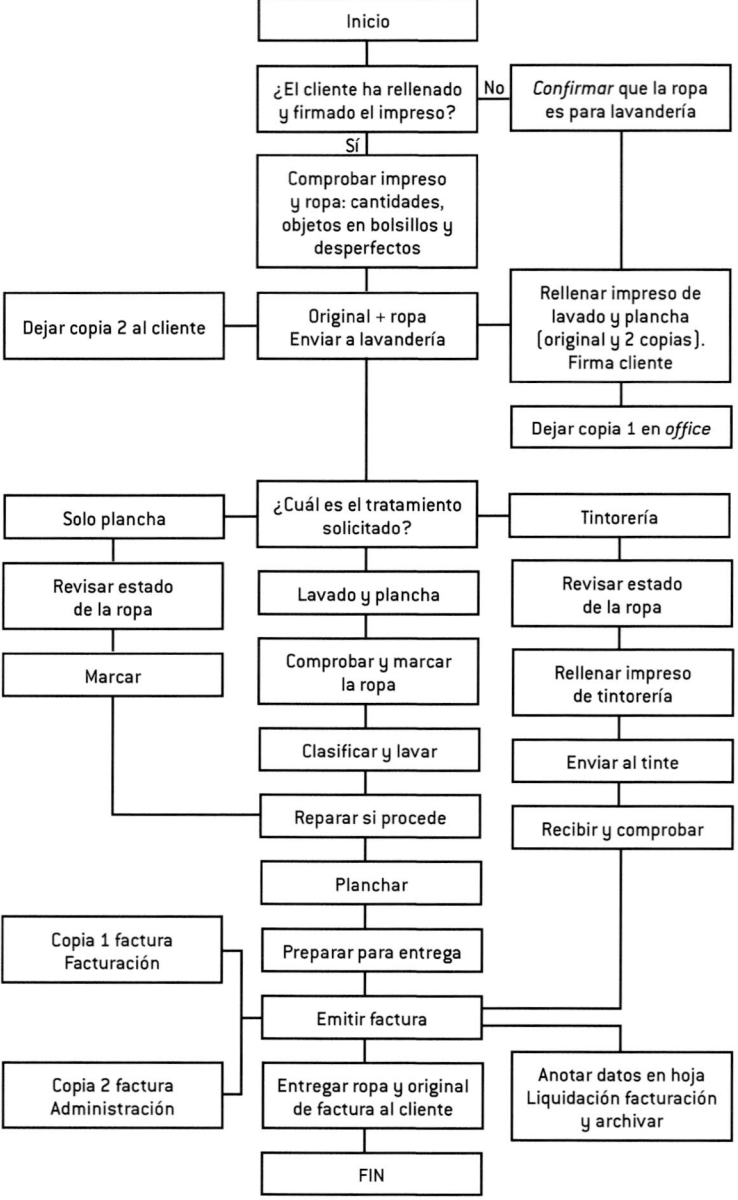

Figura 1.5. Flujograma circuito tratamiento ropa de clientes.

Explicación detallada del circuito y procesos de ropa de clientes:

- El cliente rellena y firma la hoja de solicitud o formulario de lavandería. Dicha hoja debe contener los datos imprescindibles para informar al cliente y para proceder al tratamiento en la lavandería. Estos datos son:

  — Habitación, nombre del cliente y hora de entrega. Este último dato es importante para garantizar las condiciones del servicio.

  — Número de prendas, tipo de prendas de señora y caballero, tratamiento que se desea (lavado y plancha o solo plancha) y precios con o sin IVA, según se indique.

  — Indicaciones de recogida. Es decir, la hora hasta la que se permite solicitar el servicio, que suele ser las doce de la mañana. Esto no impide que un cliente pueda solicitar el servicio fuera de la hora indicada y, mucho más, si se trata de un establecimiento de alta categoría, lo que garantiza es que, si se solicita dentro del horario establecido, la entrega se podrá realizar en el plazo indicado.

  — Indicaciones de entrega. Normalmente, la entrega de ropa limpia se garantiza en veinticuatro horas, excepto el servicio de limpieza en seco que suele hacerse en cuarenta y ocho horas. Hay establecimientos que permiten el servicio «exprés» para aquellos clientes que tienen urgencia en que sus prendas sean tratadas en el mismo día, con un suplemento añadido al precio que suele ser del 50 %.

  — Condiciones. Se hará saber además la declinación en la responsabilidad de las prendas que no contengan etiquetas originales u otra que consideremos oportuna como aceptación o no de prendas delicadas, etc.

- El camarero de pisos comprobará que el cliente rellene correctamente y firme el documento. Como norma general, no se envía nada a lavandería si no tenemos la certeza de que realmente es para lavar o planchar, ya que, muchas veces, los clientes utilizan las bolsas de envío para guardar su ropa sucia. Además, se comprobará que el número de prendas es correcto, el estado en el que se encuentran y que no contienen objetos personales del cliente. Depositaremos los objetos encontrados en lugar visible y tomaremos nota de los desperfectos para evitar posibles reclamaciones.

- El envío a lavandería puede establecerse de diversas maneras:

  — El personal de pisos hace entrega de toda la ropa a una hora preestablecida coincidiendo con una parada técnica para evitar pérdidas de tiempo.

— El personal de lavandería recoge la ropa de los clientes una vez recibido el aviso de entrega por parte del personal de pisos, recepción o el propio cliente, según normas del establecimiento. La recogida puede ser en el *office* de planta o en la habitación del cliente, según casos.

- Una vez que se entrega la ropa en la lavandería-lencería, se realiza el siguiente proceso de tratamiento de la ropa.

Para llevar un control del tratamiento de ropa del cliente y su facturación, podemos elaborar un documento interno denominado «Liquidación de Lavandería», donde aparecerán los siguientes datos: número de albarán, habitación/cliente, euros facturados y observaciones.

El proceso completo de tratamiento de ropa de clientes se realiza como se explica a continuación:

— Daremos entrada al servicio anotando el número que corresponda al albarán, tanto en la hoja de pedido del cliente como en el documento de liquidación.

— Cotejar que todos los datos son correctos, que está incluido el número de prendas recibidas y el tratamiento de las mismas, cruzando los datos de ambos documentos.

— Comprobar el estado de la ropa y anotar en la hoja de pedido cualquier incidencia que pueda ser motivo de reclamación, como, por ejemplo, objetos olvidados en bolsillos, falta de botones, costura rota, mancha de grasa en puño, etc. Para mayor control, podemos anotar, si consideramos importante el dato, cualquier observación en la hoja interna de liquidación.

— Marcar o etiquetar la ropa mediante cualquier sistema explicado en el apartado de maquinaria de lavandería, dando un número de referencia a la prenda que puede ser el del albarán o la habitación o nombre del cliente. El marcado se realizará en un lugar que sea visible tras el doblado de la ropa para su localización rápida, como, por ejemplo, las etiquetas del cuello de la prenda. No se aconseja el sistema de grapado para ropa de clientes, ya que pueden dañar las prendas. Las prendas pequeñas que no se puedan marcar, se introducirán en redecillas de lavado con el indicativo de referencia. En algunos establecimientos, donde el volumen de trabajo es pequeño y controlable, no se marca la ropa, simplemente se lleva un listado de la ropa de cliente donde se anota una descripción exhaustiva de la prenda (color, talla, marca, etc.) para su posterior identificación. Este sistema puede ser eficaz siempre y cuando se lleve un buen control y sea una sola persona la que realice el proceso.

— Colocar los albaranes en cestas o casilleros independientes que tendremos destinados para ir colocando la ropa de clientes de manera ordenada y separada, según se vayan terminando los procedimientos requeridos. Para prendas que vayan en perchas, utilizaremos percheros.

— Clasificar la ropa para su lavado, planchado o envío a la tintorería. La ropa que tenga que ser lavada, se clasificará al menos en tres bloques: blanco, color y delicado. Durante el clasificado de la ropa, identificaremos las manchas y las marcaremos con jaboncillo o hilo para, posteriormente, tratarlas.

— Tratar las manchas antes de realizar el proceso de lavado o planchado.

— Proceder al lavado/secado de la ropa. El lavado de ropa de clientes se puede hacer en bloque o personalizado. Personalizar el lavado de la ropa de clientes, es decir, no mezclar ropas de distintos clientes en la misma lavadora, supone tener una gran dotación de maquinaria y personal. Para rentabilizar los procesos, debemos contar con lavadoras de tipo doméstico o semindustriales que se adapten al peso de la ropa, ya que la mayoría de las veces es preciso hacerlas funcionar con cantidades pequeñas.

— Verificar el estado de la ropa y la eliminación de manchas.

— Realizar los arreglos de costura que sean necesarios.

— Planchado de la ropa. Será efectuado por personal experto y con sumo cuidado. En algunos establecimientos es la encargada general del departamento de lavandería-lencería la responsable del planchado de prendas de clientes muy delicadas por la responsabilidad que revierte.

— Doblar o colgar la ropa y embolsar según procedimientos.

— Colocar en el casillero o cesta correspondiente.

• Facturación. Una vez hayamos terminado el proceso completo de tratamiento de la ropa de los clientes, cotejaremos el listado de ropa procedente del albarán y la ropa del casillero o cesta correspondientes, unificando el envío, colocando en cestas o carros para su traslado. Emitiremos la factura interna o albarán de entrega de ropa por triplicado. Anotaremos, además, el importe facturado en la hoja de liquidación de lavandería. Retirar el albarán que, posteriormente, archivaremos o adjuntaremos a la copia de factura que se envía a recepción, sustituyéndolo por el original de la factura que adjuntaremos a la ropa del cliente.

• Enviar la ropa a los *offices* de planta. El camarero de pisos comprobará que la factura y la ropa de cada envío corresponden con el albarán que se encuentra en el *office*, haciendo la entrega al cliente. Además, depositará la ropa en la habitación correspondiente, colocándola de manera visible encima de la cama o en el lugar que se estipule.

- Una copia de todas las facturas emitidas en el día se enviarán al departamento de recepción-facturación para que se realicen los cargos pertinentes, y, una segunda copia, al departamento de administración, que llevará el control de ingresos del departamento de lavandería-lencería.

- Archivaremos la hoja de liquidación de facturación de lavandería para nuestro control y posibles reclamaciones.

1.3.9. Prendas y complementos

Entendemos por prendas y complementos todo aquello que corresponde al vestido del cliente. En la hoja de solicitud de lavandería que debe rellenar el cliente, aparecerá toda la relación de prendas de vestir, ropa interior y complementos posibles, separando los que corresponden a caballeros y a señoras. Las prendas de ropa interior, las que se usan para dormir y los vestidos de noche, no se tratarán sin lavado previo.

Cuando un cliente ha olvidado una prenda o complemento en la habitación, los custodiará la gobernanta. En el caso de ropa interior, ropa de dormir o prendas con manchas visibles que pueden empeorar con el paso del tiempo, estas tienen que tratarse en la lavandería antes de empaquetar para guardar, ya que deben custodiarse en buen estado de conservación. Dichos tratamientos no tienen cargo para el cliente, puesto que no han sido solicitados por el mismo, en este caso, el cargo correrá por cuenta del establecimiento. Llevaremos un control de las prendas tratadas sin cargo.

1.3.10. Características, acabados y comportamiento de tejidos

Los tejidos, ya sean en forma de punto o telas, están formados por hebras, hilos o cordeles elaborados a partir de fibras textiles (filamentos). La fibra es la estructura básica de los tejidos, tendremos que conocer las características de cada una de ellas para aplicar el tratamiento adecuado de los tejidos en lavandería.

Las fibras pueden ser naturales o químicas según su procedencia. En el cuadro que se acompaña a continuación, exponemos los tipos de fibras más comunes según su clasificación.

CUADRO 1.10. CLASIFICACIÓN DE LAS FIBRAS			
NATURALES	ANIMAL (Proteína)	Lana (queratina)	Virgen Regenerada Angora Cachemira Mohair Vicuña o alpaca
		Seda (fibroína, sericina)	
	VEGETAL (Celulosa)	Algodón Lino Yute Cáñamo	
	MINERAL	Oro Plata Amianto Vidrio	
QUÍMICAS	ARTIFICIAL (polímeros naturales)	Rayón-Viscosa Modal Acetato	
	SINTÉTICA (polímeros artificiales)	POLIAMIDAS	Nailon Perlán
		PROPILÉNICAS	Meraklón Orilón
		ACRÍLICAS	Dralón Orlón Acrilán Crylor Crilenka
		POLIÉSTER	Dracón Tergal Terlenka
		POLIURETANO	Licra
		CLOROFIBRAS (PVC) (PVD)	Rhovyl Thermoryl Vinylon Sacran

Identificación de las fibras

Reconocer el tipo de fibra que compone un tejido es fundamental a la hora de proceder al tratamiento de lavado, secado, desmanchado y planchado de una prenda, ya que muchas veces no existen etiquetas identificativas que nos orienten. Un método muy eficaz cuando por el tacto o visualización no reconocemos bien la fibra es quemar una pequeña muestra y observar su comportamiento según mostramos a continuación:

- Fibras naturales:

  — **Lana y pelos de animales:** al quemar una pequeña muestra, observamos que arde mal, apenas produce llama y se retrae. Las cenizas que se producen son negras y se desmenuzan. El humo es oscuro y el olor que desprende es a cuerno quemado. Su consistencia es suave y si la presionamos tarda más en recuperarse que la fibra sintética.

  — **Fibras vegetales y derivados:** al quemar una pequeña muestra observamos que arde bien y el humo que produce es blanco. La ceniza y la llama son claras. Apenas deja residuo al consumirse y se desmenuza. El olor que desprende es a papel quemado. Al presionar la fibra su recuperación es lenta.

- Fibras sintéticas:

  — **Poliamidas.** No arden bien por lo que no mantienen la combustión. El humo no es espeso. El residuo que queda al arder forma una bola dura, negra y brillante igual que el plástico quemado. El olor que desprende al quemar recuerda al del apio.

  — **Poliacrílico.** Es la fibra que más se parece a la lana en cuanto a suavidad y tacto. El residuo que queda al arder es como el de la poliamida, pero desprende un humo negro y un olor penetrante.

  — **Poliéster.** Al quemarse, produce una bola negra y dura. El humo es espeso y desprende un olor aromático.

  — **Polipropileno.** Cuando arde, se forma una bola que se funde. Si la fibra es blanca, la bola es del mismo color. El humo que desprende es claro y escaso.

Cualidades y comportamientos de los tejidos

En el Cuadro 1.11, explicamos las cualidades y comportamientos de los tejidos según el tipo de fibra que los componen. Conocer sus cualidades y comportamientos frente a la temperatura y a las acciones mecánicas y químicas en los procesos de lavado-planchado nos ayudarán no solo a la elección del más adecuado para la confección o compra de ropa del establecimiento, sino también al tratamiento correcto de los mismos.

CUADRO 1.11. CUALIDADES DE LAS FIBRAS Y TEJIDOS USUALES	
ALGODÓN	Su principal componente es la celulosa. Es mal conductor del calor. Es hidrófilo. Es la fibra más resistente de todas. Resistente a la rotura y a la abrasión. Su resistencia es menor en seco que en húmedo. No acumula electricidad estática. Su durabilidad y resistencia mejora con la mezcla de poliéster. Es de fácil limpieza y tratamiento. Soporta temperaturas altas, pero no conviene lavar a más de 50 °C. Amarillea con temperaturas superiores a 140 °C en seco. Se puede planchar a alta temperatura (200 °C), pero húmedo. Admite bien productos de lavado con blanqueantes químicos. Aguanta bien la acción de los productos alcalinos (hasta pH de 12). Admite la lejía, pero es preferible usar otros blanqueantes.
LINO	Tiene las mismas propiedades mecánicas que el algodón, pero es más débil con los productos químicos. Se arruga con facilidad.
SEDA	Poco conductora del calor y la electricidad. No admite el remojo. No lavar a temperaturas superiores a los 35 °C. Asegurarse de la solidificación del color antes de su lavado. No secar al sol. Planchar muy mojada, a temperatura suave y sin vapor.
LANA	Fibra muy elástica y flexible. Conserva bien el calor. Muy sensible a la acción mecánica y a la temperatura, pudiendo llegar a apelmazarse. Lavar con productos neutros con la menor acción mecánica posible. Temperatura máxima de lavado 35 °C. No colgar ni secar al sol.
AMIANTO	Mal conductor del calor y de la electricidad. Incombustible.
RAYÓN-VISCOSA	Gran resistencia al uso y la luz. Facilidad de teñido. Resistente a la polilla y a la humedad. Tiende a arrugarse. Muy sensible a la acción mecánica, al agua y a las soluciones alcalinas. Resistencia en seco, un 50 % menos que el algodón. Resistencia en húmedo, un 50 % menos que en seco. Preferiblemente tratar en seco. Planchado a temperatura media (150 °C) y sin acción directa de la plancha.

(Continúa en la siguiente página)

CUADRO 1.11. CUALIDADES DE LAS FIBRAS Y TEJIDOS USUALES	
ACETATO	Parecido a la seda, de tacto agradable y suave. No se arruga.
POLIÉSTER	Seca rápidamente, ya que absorbe poca humedad. Retiene bien el calor. Su resistencia a la abrasión es cuatro veces mayor que la del algodón. Resiste bien a los agentes químicos, aunque los álcalis lo dañan. Carácter oleófilo (absorbe fácilmente las grasas). Sensible a la acción mecánica. Se carga fácilmente de electricidad estática. Absorbe poco la humedad en comparación con otras fibras. No es afín con los blanqueantes químicos. Su naturaleza termoplástica puede provocar arrugas.
POLIAMIDA	Áspero al tacto. Poco traspirable. Seca rápidamente. No hace falta planchar. En caso de necesidad, planchar a temperatura baja. A 250 °C se funde. Se arruga con mucha facilidad por la temperatura. Tiende a amarillear. Tiene la misma resistencia en húmedo que en seco. Buena resistencia a la abrasión, a los solventes orgánicos y a los álcalis. Atacable por los ácidos.

En la Figura 1.6, se refleja a modo de esquema la sensibilidad de los tejidos frente a la acción mecánica y química en el lavado y blanqueo de los mismos, además de la temperatura adecuada en los procesos de lavado, secado y calandrado. En el apartado de observaciones aparecen recomendaciones especiales para tener en cuenta según el tipo de tejido.

CARACTERÍSTICAS DE LAS PRENDAS		Relación					CARACTERÍSTICAS DE LOS SISTEMAS DE LAVADO RECOMENDABLES				
Composición	Color y tipo	Carga	Baño	Acción mecánica	Producto	Afinidad blan. ópti.	Temperatura			Observaciones
							Lavado	Secado	Calandrado	
100 % Algodón	Blanco Sábanas Fundas Colchas Toallas Mantelería	1:12	1:5	Poco sensible	Todos	Buena	90 °C	150 °C	180 °C	-------
100 % Lino	Blanco Sábanas Fundas Mantelería	1:12	1:5	Poco sensible	Sin blanqueantes ópticos	-------	50 °C	-------	180 °C	Usar productos específicos para lavado de lino.
Algodón/Poliéster	Blanco Sábanas Fundas Colchas Mantelería	1:12	1:5	Algo sensible	Todos	Regular	90 °C	-------	180 °C	En aclarados finales rebajar lentamente la temperatura. Usar productos con blanqueantes ópticos especiales para poliéster.
100 % Algodón o 100 % Lino	Color Toallas Mantelería	1:12	1:5	Poco sensible	Sin blanqueantes ópticos	-------	50 °C	150 °C	180 °C	Usar producto específico para ropa de color.

(Continúa en la siguiente página)

CARACTERÍSTICAS DE LAS PRENDAS — **CARACTERÍSTICAS DE LOS SISTEMAS DE LAVADO RECOMENDABLES**

Composición	Color y tipo	Relación		Acción mecánica	Producto	Afinidad blan. ópti.	Temperatura			Observaciones
		Carga	Baño				Lavado	Secado	Calandrado	
Algodón/Poliéster	Color	1:12	1:5	Algo sensible	Sin blanqueantes ópticos	......	50 °C	......	180 °C	En aclarados finales rebajar lentamente la temperatura. Usar productos específicos para lavado de ropa.
	Mantelería									
Acrílica	Color	1:16	1:8	Sensible	Sin blanqueantes ópticos	......	Máx. 35 °C	......	No calandrado	Secar al aire.
	Mantelería									
Rayón	Blanco o color Ropa clientes	1:20	1:10	Muy sensible en húmedo	Neutro	Buena	Fría	......	Máx. 150 °C con precaución	La fibra pierde la mitad de su resistencia al mojarse. Manipular con cuidado.
Poliamida	Color Ropa clientes	1:16	1:8	Sensible	Todos	Débil	Máx. 35 °C	......	No calandrado	Secar al aire.
Lana y seda	Color Ropa clientes	1:20	1:10	Muy sensible	Neutro	Regular	Máx. 35 °C	......	No calandrado	Lavado de 10 minutos sin prelavado. Secar en secadora con cuidado.

Figura 1.6. Comportamiento de las prendas en el lavado. Fuente «Henkel».

Acabados de los textiles

Entendemos por «acabado» en la industria textil a cualquier proceso que se realiza sobre la fibra, el hilo, el tejido o la prenda con la finalidad de variar sus características de apariencia, tacto o comportamiento.

Los acabados se clasifican según:

- La característica que modifique.
    - Estética: buscan modificar el tacto y apariencia como el estampado, el suavizado, el planchado y la tintura.
    - Funcional: mejoran las prestaciones de las prendas o tejidos, como, por ejemplo, la repelencia al agua o la resistencia al fuego, a la suciedad o a las grasas.
    - Estética-funcional: mejoran aspectos estéticos y funcionales de los textiles. Son una mezcla de las anteriores.
- Su duración.
    - Permanente.
    - Temporal.
    - Renovable.
- La acción que lo origine.
    - Físico: normalmente no alteran la estructura interna de la fibra. Consiste en aplicar acciones mecánicas con la finalidad de conseguir un efecto determinado modificando propiedades estéticas. Suelen ser acabados permanentes.
    - Químico: mediante la alteración de la estructura interna de la fibra, se consiguen propiedades estéticas y/o funcionales de las mismas. Algunos ejemplos de acabados químicos son la repelencia al agua o a las grasas, antibacterial, antiácaros, retardante de llama, etc.
    - Físico-químico: son una mezcla de los anteriores.

Los textiles que hayan sido tratados mediante procesos de acabados, tienen que tratarse con mucho cuidado, ya que, en algunos casos, son delicados, y, en otros, precisan tratamientos especiales o renovables. Siempre seguiremos las indicaciones del fabricante.

Etiquetado de los textiles

Según la legislación vigente, todo producto textil tiene que venir acompañado de una etiqueta que incluya, además de una serie de datos de localización del fabricante o importador, la composición de los tejidos. En el caso que nos compete, es importante conocer la composición de los tejidos para aplicar el procedimiento de lavado, blanqueo, planchado, secado y limpieza en seco adecuados. La «etiqueta de conservación» que aparece en los textiles no es obligatoria en nuestro país, sin embargo, es muy útil para proceder a tratamientos adecuados. Dicha etiqueta cumplirá las normas ISO (UNE-EN ISO 3758:2012) en cuanto a simbología y pictogramas, en la cual se reconocen cinco símbolos relacionados con los procesos elementales de limpieza de textiles: cubeta (lavado), triángulo (blanqueo), cuadrado (secado), plancha (planchado) y círculo (limpieza profesional).

En la Figura 1.7, aparecen símbolos no reconocidos por la normativa europea, pero usados en el ámbito mundial. Creemos conveniente el conocimiento y explicación de la simbología, ya que nos podemos encontrar multitud de etiquetas de prendas que tratar en la lavandería de un establecimiento de alojamiento:

- Una raya horizontal debajo del símbolo indica que la acción mecánica debe de ser leve o moderada, y, la doble raya, extremadamente leve por tratarse de prendas muy delicadas.

- Una cruz en forma de aspa indica siempre un tratamiento prohibido.

- Una mano dentro de la cubeta, lavado a mano.

- La temperatura máxima de lavado se indica en números o puntos (poco usual) que equivalen a los grados de temperatura.

- Un paño retorcido, cuya forma es similar al envoltorio de un caramelo, y con una cruz en forma de aspa, indica que la prenda no se puede retorcer.

- El triángulo indica que se permite el blanqueo con cualquier oxidante. Cuando aparece una «Cl» dentro del triángulo, significa que se permite blanqueo con clorantes y tres rayas oblicuas, con oxigenantes.

- La simbología del secado en máquina es muy simple y la temperatura máxima permitida se indica mediante pequeños puntos (de uno a tres) que aparecen dentro del círculo. Cuando el círculo aparece totalmente relleno de negro, indica que se puede usar secadora, pero en frío.

- El secado al aire se representa con un cuadrado. Cuando aparece un semicírculo en la parte superior del cuadrado, indica que la prenda tiene que secarse colgada. Tres rayas verticales dentro del cuadrado indica que hay que secar la prenda extendida en posición vertical, y una raya horizontal, secar extendido en posición horizontal. Dos rayas oblicuas indica que tiene que ser secado a la sombra o en el interior.

- La temperatura del planchado se indica por puntos equivalentes a la temperatura máxima permitida (110 °C-150 °C-200 °C).

- En cuanto al lavado en seco o profesional, su simbología corresponde a un círculo. Las letras que aparecen dentro del círculo indican el producto que se recomienda aplicar, así, «A» significa que se puede usar cualquier tipo de disolvente, «P», cualquier disolvente excepto tricloroetileno y «F», solo disolventes derivados del petróleo. La «W» significa *wet cleaning,* que corresponde al lavado profesional en agua. El *wet cleaning* es un procedimiento en el cual se puede usar agua para el tratamiento de textiles. En dicho tratamiento, se reduce el tiempo, la temperatura y la acción mecánica reforzando la acción química de los productos.

Las rayas oblicuas exteriores del círculo presentan indicaciones en cuanto al procedimiento o programa que usar. Una raya en el lado derecho bajo quiere decir que la temperatura que se tiene que aplicar debe ser baja, la raya en el lado izquierdo bajo indica que se debe aplicar un ciclo corto, una raya en el lado izquierdo alto nos informa de que la humedad será baja y una raya en el derecho alto indica que no se puede aplicar vapor.

Figura 1.7. Pictogramas de lavandería.

Tratamiento de las fibras y tejidos comunes

Hemos explicado las clases, cualidades, comportamientos y etiquetas de los textiles. En el Cuadro 1.12, presentamos un esquema orientativo de los tratamientos recomendables de los textiles más comunes en lavandería, aunque siempre seguiremos las recomendaciones del fabricante.

CUADRO 1.12. RECOMENDACIONES DE LAVADO, BLANQUEADO Y LIMPIEZA EN SECO DE TEJIDOS COMUNES			
TEJIDO	LAVADO Temperatura máxima permitida	BLANQUEADO CON CLORO	LIMPIEZA SECO
100 % ALGODÓN	Blanca, muy sucia o normal 95 °C Colores fijos 60 °C Colores no fijos 35 °C	Admite	Cualquier tipo de disolvente (A)
100 % SEDA	30 °C	No admite	No admite
97 % LANA	30 °C A mano	No admite	Cualquier tipo de disolvente (A)
100 % ACRÍLICO	30 °C	No admite	Cualquier disolvente, excepto tricloroetileno (P)
50 % ACRÍLICO 50 % POLIÉSTER	40 °C	No admite	Cualquier disolvente excepto tricloroetileno (P)
100 % POLIAMIDA	40 °C	No admite	Cualquier tipo de disolvente (A)
85 % POLIAMIDA 15 % POLIURETANO	30 °C	No admite	No admite
75 % POLIAMIDA 25 % POLIURETANO	30 °C	No admite	No admite

1.3.11. Procesos de secado de la ropa

El secado de la ropa se puede hacer al aire libre o en máquina secadora. La ventaja del secado al aire es la reducción de consumo eléctrico y el ahorro en maquinaria, además, algunas prendas blancas quedan mejor si se secan al sol por la acción de los rayos ultravioleta. El inconveniente es el tiempo que se invierte en tender y recoger la ropa, el tiempo que tarda en secarse y el espacio que necesitamos, además, la ropa puede ensuciarse con el aire o polución y puede contaminarse por la acción de los insectos.

El secado en máquina tiene el inconveniente de la inversión en maquinaria y el consumo eléctrico, además, las prendas pierden celulosa en el proceso y se cargan de electricidad estática. Sin embargo, tiene muchas ventajas, ahorramos espacio y tiempo, las prendas quedan esponjosas y las arrugas se reducen si aplicamos la temperatura y el tiempo adecuados.

En el proceso de secado de ropa, tenemos que diferenciar entre la ropa que no requiere planchado y que tiene que quedar completamente seca para su plegado y la ropa que requiere una reducción de humedad determinada (humedad residual) tras el centrifugado para pasar al calandrado o planchado. La ropa que se plancha en rodillo o rulo tiene que quedar con menos humedad que la que se plancha en calandra, ya que esta seca la ropa a la vez que plancha.

Para el llenado de la máquina, nos atendremos a la capacidad de la misma. Si la ropa ha quedado demasiado húmeda después del centrifugado, cargaremos menos la máquina secadora.

Como hemos explicado en el proceso de lavado, es conveniente disponer de etiquetas personalizadas a las necesidades del establecimiento para facilitar el trabajo de los operarios y reducir errores. Dichas etiquetas mostrarán la clave del programa según el tipo de ropa que tratar, los grados de temperatura y el tiempo preprogramados con anterioridad como se muestra en la Figura 1.8.

CLAVE PROGRAMA	TIPO DE ROPA	GRADOS	TIEMPO
A	Blanca lisa grande	80 °C	10 minutos
B	Blanca lisa pequeña	80 °C	5 minutos
C	Blanca personal	60 °C	20 minutos
E	Algodón	80 °C	Automático
F	Frío	----	Manual

Figura 1.8. Etiqueta personalizada, programas de secado de ropa en secadora.

Para realizar el proceso de abrir la puerta, cargar la máquina, según indicaciones, y cerrar, se debe introducir la clave del programa que deseamos accionar y presionar la tecla ON/START. El programa se detendrá cuando haya finalizado el proceso, emitiendo una señal acústica. En las máquinas no preprogramadas al tipo de ropa que queremos secar, tendremos que vigilar el secado de la ropa para no excedernos en el tiempo.

Nunca dejaremos que la ropa se seque demasiado, ya que perjudica el tejido y el tacto del mismo (áspero). Un exceso de temperatura «tuesta» la ropa.

El panel de control de la máquina nos indicará cualquier incidencia que se pueda producir. En este tipo de maquinaria, es muy importante mantener limpios los filtros para mejorar el rendimiento y ahorrar energía. Procuraremos limpiar los filtros cada seis secados o cada cuatro horas de funcionamiento continuado. Si secamos toallas o ropa gruesa, debemos tener en cuenta que los filtros se ensucian antes.

1.3.12. Presentación de ropas

En este apartado distinguiremos entre ropa blanca del establecimiento y ropa de clientes.

La ropa blanca del establecimiento se entrega en cestas o carros de ropa limpia clasificada por clases y tamaños, y con los lomos hacia fuera. Si el carro no dispone de lona exterior, podemos embolsar la ropa para preservarla de suciedad.

La ropa de clientes requiere una presentación esmerada. Se presentará doblada o en percha y embolsada.

Las camisas pueden presentarse simplemente dobladas o bien empaquetadas con cartón o papel de seda interior, collar, mariposa y clips de embalaje. Siempre embolsadas.

La ropa que tenga que ir colgada irá en perchas de alambre galvanizado forrado o no, u otro material según tipología y categoría del establecimiento.

Existen multitud de artículos y complementos para el empaquetado y presentación de ropas como cartón protector en hombros, cartón para corbatas, clips para faldas, etc. Las bolsas pueden llevar el logotipo de la empresa.

Para el embolsado de ropa, existen máquinas embolsadoras horizontales o verticales según el tipo de prendas que facilitan el proceso y mejoran la presentación. Cualquier valor añadido a la presentación de la ropa supone un coste para la empresa al igual que la maquinaria destinada para ello. La elección dependerá del tipo de establecimiento y su imagen corporativa.

1.3.13. Procedimientos para baja y descartes

Durante los procesos de clasificación de la ropa, preparación para el planchado, planchado o plegado, podemos detectar manchas, desgastes o rotura en la ropa que hay que retirar por no reunir los requisitos óptimos de uso. La ropa se irá apartando y colocando en el lugar estipulado.

Será la encargada general quien revise la ropa y decida si es para volver a lavar, eliminar manchas, reparar o retirar definitivamente del uso. Según el procedimiento que aplicar, se enviarán al lavadero o a la lencería. Dentro de la lencería, se reparará la prenda zurciéndola o cosiéndola si, aplicando dichos procesos, la ropa puede seguir usándose. Ciertas prendas se pueden aprovechar para darles otros usos. Normalmente, la ropa reparada queda para uso interno del personal. Los arreglos de ropa tienen que garantizar una buena presentación, ya que las prendas deterioradas o desgastadas dan mala imagen al establecimiento.

Dentro del proceso de revisión del estado de la ropa, la encargada general valorará si el deterioro o manchado se ha producido por causas normales. En caso de considerar que no entran dentro de la normalidad, analizará las causas y ordenará las medidas correctivas.

Cuando la ropa se encuentra «amarillenta», puede ser debido a tres motivos principales:

- Uso excesivo de cloro.

- Aclarados insuficientes.

- Presencia de sales de hierro.

Cuando en la ropa tiene cierto color «agrisado», puede ser debido a:

- Dosificación de detergente insuficiente.

- Selección incorrecta de tejidos.

- Temperatura de lavado baja.

En cuanto al deterioro de la ropa, tenemos que analizar si se ha deteriorado por un mal uso, por un desgaste normal (duración media) o por tratamientos de higienización inadecuados.

Los usos incorrectos de la ropa suelen ser los siguientes:

- Usar toallas para la limpieza de zapatos.

- Secar con toallas los cuartos de baño u otras zonas que previamente han sido limpiadas con productos clorados. Las toallas suelen higienizarse lavándolas a altas temperaturas. El cloro que se queda en las toallas, por haberse usado mal, actúa en el tejido por acción de la temperatura de lavado, provocando roturas y agujeros.

- Utilizar manteles o servilletas para limpiar cazuelas, planchas, etc., o transportar utensilios calientes que están tiznados.

- Limpiar la cubertería u objetos metálicos en general con ropa no destinada a tal uso.

- Emplear servilletas o litos como paños de cocina.
- Utilizar sábanas o manteles grandes para el transporte de ropa sucia a lavandería.
- Etcétera.

Toda la ropa tiene una vida útil que dependerá, por un lado, de su calidad, y, por otro, de los tratamientos adecuados que empleemos en su limpieza, además del uso adecuado.

A título orientativo, ya que todo depende de muchos factores, la duración media de las distintas prendas más corrientes en establecimientos de alojamiento es la siguiente:

TIPO PRENDA	NÚMERO DE LAVADOS
Sábanas	225 a 250
Fundas de almohadas	120 a 180
Mantelería	125 a 180
Toallas de felpa	140 a 160

La duración se puede mejorar si tenemos en cuenta las recomendaciones siguientes:

- Los tejidos tienen que ser de alta calidad. En fibras de algodón se aconseja un grado de polimerización de la celulosa de 1800 a 2000.
- Emplear aguas descalcificadas.
- Empleo de maquinaria de calidad.
- Mantenimiento periódico de controles de lavado.
- Reducir al máximo posible la duración del proceso de lavado.
- Empleo de productos de lavado apropiados.
- Blanqueado de tejidos con productos estabilizantes (perboratados). No usar lejía.
- Desarrollar normas y procedimientos que eviten el mal uso de las prendas.

Para controlar si las prendas han tenido una vida útil y, dado que normalmente tenemos varios juegos en uso dentro de un circuito lógico de reposición, es conveniente codificar las prendas y, así, poder analizar cuántas veces se han lavado.

Una vez decidido que las prendas deben darse de baja, actuaremos según el ejemplo de procedimiento que se presenta en la Figura 1.9. El método que aparece en el ejemplo es manual, se podría informatizar total o parcialmente usando una hoja Excel.

BAJAS ROPA

PROCEDIMIENTO

1. Retirar la ropa que se encuentra en el estante de la lencería etiquetado como «Bajas».
2. Revisar prenda por prenda para comprobar que efectivamente es para dar de baja (rota, quemada, con manchas, desgastada, etc.). Hacer una marca («X» grande) con rotulador en una esquina de la prenda.
3. Localizar la prenda en la hoja denominada «listado de BAJAS» y anotar la cantidad. Preferiblemente dar de baja una a una colocando un palo (I) en la casilla unidad. Observación: la prenda puede haber mermado, tener cuidado con los tamaños y características. Ejemplo:

INVENTARIO ROPA NOMBRE	LENCERÍA COLOR	CARACTERÍSTICA	TAMAÑO	BAJAS UNIDAD
CUBRE APARADOR	BLANCO	DAMASCO	MENÚ	II
CUBRE APARADOR	BLANCO	DAMASCO	ESPECIAL	IIIII
CUBRE APARADOR	MARRON	DAMASCO	ESPECIAL	
CUBRE APARADOR	VERDE		ESPECIAL	
CUBRE BALDA (Hueco Aparador)	BLANCO		ESPECIAL	I

4. Colocar las prendas en el armario destinado a las bajas.
5. **Una vez al mes, al trimestre o cuando tengamos gran cantidad de anotaciones en la hoja,** pasaremos los apuntes a las fichas de INVENTARIO ROPA LENCERÍA. Las fichas se encuentran en el mismo orden alfabético que en el listado de bajas.

FECHA	ALTAS			BAJAS	EXISTENCIAS		OBSERVACIONES
	CANTIDAD	PRECIO	IMPORTE	CANTIDAD	CANTIDAD	PRECIO	

a) Buscar la FICHA correspondiente al artículo y anotar la FECHA del día a continuación del último apunte.
b) Anotar la cantidad (en este caso ya sumamos el total) procedente de la hoja «Listado de bajas» en el apartado «BAJAS».
c) Listado de bajas: cruzamos una línea vertical en las unidades de las bajas para apuntar que ya hemos pasado la anotación (HHI).
d) Calcular las Existencias (Existencias anteriores – Bajas) y anotar el resultado en el espacio correspondiente a EXISTENCIAS (ficha).
e) Apartado OBSERVACIONES: anotar «Baja por rotura» o cualquier otra incidencia.
f) «Cruzar» con una raya la «hoja de listado de bajas», anotar en la parte de arriba la fecha y archivar en la carpeta correspondiente por si surgieran discrepancias.
g) Colocar una hoja nueva de «listado de bajas» junto al estante de bajas.

Figura 1.9. Procedimiento manual «bajas ropa».

La ropa que se da de baja por razones de renovación del *stock* y que no se encuentra deteriorada, se puede donar. La ropa deteriorada o rota se puede aprovechar para trapos. Nunca se usarán para trapos las prendas pequeñas (paños de cocina, servilletas, toallas, etc.), ya que, aunque se encuentren marcadas, corren el peligro de volver a entrar en el ciclo de ropa en uso.

1.3.14. Procedimientos de transmisión de órdenes, ejecución y control de resultados

Los procedimientos de transmisión de órdenes dentro del área o subdepartamento de lavandería-lencería de un establecimiento de alojamiento están relacionados directamente con los distintos tipos de comunicación que se establecen en el mismo:

- Comunicación interna del área y su personal.

  Dentro de la comunicación interna del departamento, tenemos que diferenciar dos tipos:

  — La relacionada con la gestión de los recursos humanos. Este tipo de comunicación es obligatoria. La encargada informará a sus empleados a través del tablón de anuncios de los turnos de trabajo, las libranzas, los descansos y las vacaciones con el tiempo suficiente que establezca la normativa vigente.

  — La relacionada con los procesos del departamento. Este tipo de comunicación suele ser informal, planificado de antemano según previsiones, o, *in situ,* si existen incidencias que obliguen a modificar la planificación. El personal de lavandería-lencería suele tener asignada una serie de tareas fijas diseñadas para crear una cadena de trabajo continua. Todos tienen que conocer sus funciones y responsabilidad. Al inicio de la jornada, y según la planificación establecida, unida a posibles incidencias como falta de personal, averías, aumento inesperado de ocupación, trabajos pendientes del día anterior, etc., la encargada emitirá las órdenes de trabajo del día.

  Periódicamente, es importante establecer reuniones de equipo para valorar rendimientos; explicar la aplicación de nuevas técnicas, productos, maquinaria, etc.

  No hay que olvidar que las fichas de seguridad de productos químicos y de lavado y las instrucciones de funcionamiento de la maquinaria tienen que encontrarse a disposición de los trabajadores en un lugar visible y conocido por todos.

Es conveniente elaborar un documento interno llamado «manual de procedimientos», donde se informe a los trabajadores que se incorporan por primera vez al departamento de los procedimientos establecidos, de las normas de seguridad y de todo aquello que creamos conveniente para el desarrollo adecuado del servicio y la prevención de riesgos laborales.

- Comunicación con el encargado general o responsable del departamento de pisos y el encargado del servicio técnico.

Periódicamente, la encargada de la sección de lavandería-lencería se reunirá con la encargada general del departamento de pisos para informar de los rendimientos del departamento, consumos, estado de las existencias, etc. También propondrá la compra de material, productos, maquinaria y ropa.

El jefe de mantenimiento informará a la encargada general o de sección del «plan de mantenimiento preventivo de la maquinaria» y esta a su personal. La maquinaria de lavandería-lencería requiere de un plan preventivo bien planificado y llevado a cabo, ya que cualquier avería en la maquinaria producida por falta de mantenimiento provoca grandes pérdidas de producción.

- Comunicación con los clientes.

La comunicación con los clientes se establece a través de los albaranes de orden de servicio y entrega de ropa limpia que se han explicado en el apartado de ropa de clientes.

Estableceremos un circuito claro de quienes son las personas encargadas del desarrollo del servicio.

- Comunicación externa con el resto de departamentos del establecimiento.

El departamento de lavandería-lencería se relaciona con todos los departamentos del establecimiento en cuanto a la entrega, recogida y limpieza de ropa de personal. Tenemos que establecer un *planning* de días y horas de recogida y entrega de ropa según el volumen de trabajo. En cuanto al procedimiento, puede hacerse de manera informal, es decir, el trabajador entrega el uniforme sucio y recoge el limpio, o, de manera formal, mediante un vale de pedido.

Con el resto de departamentos de pisos, cocina, restaurante-bar-cafetería, banquetes, *spa* y *fitness center,* la relación se basa en el suministro de ropa limpia para que dichos departamentos puedan realizar sus actividades. El departamento de lencería-lavandería lleva todo el control de ropa del hotel, elaborando conjuntamente con los departamentos mencionados inventarios periódicos de ropa. Los inventarios pueden ser manuales o informatizados. Por otro lado, y en cuanto a la recogida y entrega de ropa, elaboraremos un *planning* de horarios que nos permita atender debidamente a las peticiones. Toda entrega y recogida de ropa se realizará mediante una «nota o vale de petición», sin la cual no se tramitará ningún pedido o solicitud. Es muy importante comprobar que la ropa que se entrega y recoge es la que aparece en la nota o vale. Elaboraremos controles periódicos, cotejando la información que aparece en las notas o vales, para detectar pérdidas de ropa. La información que contienen los vales de pedido es fundamental para realizar estudios de productividad y consumos.

1.3.15. Almacenamiento y distribución de ropa lavada

La ropa lavada pasará en carros contenedores al proceso de secado o de planchado.

La ropa que va a secarse se mantendrá en los contenedores hasta su procedimiento. La que va a plancharse se colocará clasificada por tipos y tamaños, y totalmente estirada. Las colocaremos en cestas, estanterías o colgadas en perchas si el planchado va a ser manual o sobre mesas especiales o borriquetas, si el planchado va a ser en calandra para facilitar el trabajo posterior.

Siempre procuraremos que la ropa que debe plancharse preserve la humedad adecuada, evitando la evaporación si transcurre mucho tiempo de espera antes de realizar el procedimiento.

El almacenamiento posterior se explicará en el apartado de planchado.

1.4. Control del cumplimiento de las normas de seguridad e higiene en los procesos de lavado de ropa

Toda empresa está obligada a adoptar aquellas medidas necesarias para garantizar la protección de la salud y seguridad de sus empleados, así como la prevención de riesgos laborales. La empresa no solo adoptará las medidas de seguridad e higiene, sino que controlará el cumplimiento de las mismas. Todos los empleados tienen que ser informados y estar formados. Los empleados, además de conocer las normas, tienen que aplicarlas.

En apartados anteriores hemos explicado las normas de utilización y los posibles riesgos en el uso de productos, útiles y maquinaria de lavado.

1.4.1. Aplicación de normas, técnicas y métodos de seguridad en los procesos

Independientemente de las normas, técnicas y métodos de seguridad que se apliquen en los procesos, los empleados tienen que colaborar en la aplicación de los mismos. Las normas generales, en cuanto a obligaciones de los empleados en materia de seguridad e higiene, las podemos resumir en:

- Usar adecuadamente los productos, útiles y maquinaria de su sección.
- Utilizar los medios y equipos de protección individual (EPI): guantes, mascarilla, gafas y calzado antideslizante.
- Usar la ropa adecuada.
- Utilizar los dispositivos de seguridad de manera correcta.
- Cooperar con la empresa para garantizar unas condiciones óptimas de trabajo.
- Informar a sus superiores de todas aquellas situaciones que supongan un peligro para la seguridad y la salud de las personas.

Los riesgos específicos de la lavandería son los siguientes:

- Caída de personas y objetos.
  - Resbalones producidos por el suelo mojado o vertido accidental de productos de lavado.
  - Tropezones debido a desniveles en el suelo o a objetos que se encuentran o se cruzan en las vías de paso y zonas de trabajo.
  - Riesgos de caída de objetos almacenados en puntos del servicio como cajas, escaleras, carros, etc.
- Cortes.
  - Con material o equipos cortantes-punzantes que vienen dentro de la ropa.
  - Con materiales cortantes que se encuentran en los sacos, como, por ejemplo, cristalería rota.
  - Con los perfiles, bordes o piezas metálicas desencajados u oxidados de equipos.
  - Golpes con equipos que pueden producir contusiones o cortes.
- Atrapamiento.
  - Entre carros, jaulas o pared debido a espacios reducidos o por circuitos mal diseñados.
  - Por engancharse con el pelo largo sin recoger, o con anillos o pulseras o por el uso de ropa demasiado ancha e inadecuada.
- Ruido, temperatura o iluminación.
  - Producido por los ruidos altos y altas temperaturas que provoca la maquinaria de lavandería.

- Manipulación de cargas, posturas inadecuadas y sobreesfuerzos.
  - Por manipulación inadecuada de carros, sacos o llenado y vaciado de lavadoras.
  - Por mantenerse mucho tiempo en una postura inadecuada sin rotación en el puesto de trabajo.
- Incendio.
  - Por almacenamiento indebido de productos inflamables junto a ropas, cajas u otros productos.
  - Por desconocimiento de las normas de actuación en caso de emergencia.
- Riesgos eléctricos.
  - Debido a las frecuentes descargas electrostáticas producidas por el uso de equipos eléctricos.
- Riesgos biológicos.
  - Contacto con objetos, equipos y superficies sucios.
  - Cortes y pinchazos con objetos cortante-punzante contaminados.
  - Posible contaminación aérea por mala ventilación o suciedad en filtros.

La prevención para evitar riesgos podemos resumirla en:

- Frente al riesgo de caídas, golpes, choques, cortes y atrapamientos.
  - Utilizar calzado cerrado y antideslizante.
  - Utilizar ropa de trabajo adecuada y homologada.
  - No utilizar objetos personales que puedan engancharse.
  - Recoger de manera inmediata los derrames o fugas y, si es posible, colocar el triángulo de «aviso suelo mojado». No utilizar ropa (mantas, toallas, etc.) como medio secante de líquidos.
  - Revisar el estado de equipos e instalaciones y avisar al encargado o superior en caso de anomalías.
  - Respetar siempre las señalizaciones y no acceder a zonas o partes de equipos prohibidos.
  - En el lugar de trabajo únicamente habrá los equipos necesarios.
  - Se dispondrá de espacio suficiente para poder realizar las tareas con holgura.

- Frente al riesgo de manipulación de cargas, posturas inadecuadas y sobre-esfuerzos.

  — Evitar giros incorrectos en el llenado de la carga manteniendo el carro frente al operario.

  — Cuando sea posible dividir o separar cargas. No sobrecargar los carros y realizar cuantos traslados sean necesarios.

  — Siempre que sea posible, trasladar el carro entre dos personas.

  — Siempre que existan equipos mecánicos disponibles para traslados de cargas, utilizar los que están a su alcance. Colocar siempre el equipo mecánico cerca de la carga.

  — Para el levantamiento de carga, dispondremos de espacio suficiente.

  — Antes de trasladar la carga, cerciorarse del espacio disponible y de la ausencia de objetos.

  — Nunca tirar del carro, siempre empujar el mismo.

  — Realizar cambios de posturas y alternar tareas de diferente actividad muscular.

- Frente al riesgo de incendio-explosión.

  — Acudir de manera activa y participativa a las sesiones formativas.

  — Atender siempre a las señalizaciones.

  — Mantener el orden y la limpieza de los puestos de trabajo.

  — Avisar de inmediato a su superior en caso de detectar anomalías, deficiencias, etc.

- Frente al riesgo eléctrico.

  — Evitar el uso excesivo de alargadores y/o ladrones.

  — Usar los equipos de protección individual (EPI) adecuados.

  — Hacer un buen uso de los equipos e instalaciones.

- Frente al riesgo químico.

  — Tener siempre en cuenta la «ficha de datos de seguridad» del producto que manipula.

  — Lavarse siempre las manos antes y después de mantener contacto con productos químicos.

— Disponer de dosificadores automáticos para evitar la manipulación continua de productos.

— Separar y desechar correctamente los productos según riesgos específicos.

- Frente al riesgo biológico.

— Usar los EPI indicados y desechar en caso de rotura o mal estado.

— En caso de contacto con cualquier producto contaminante o peligroso, seguir las medidas de seguridad e inmediatamente retirar la ropa de trabajo si esta se ha manchado.

— Proteger siempre las heridas, en especial las que se encuentren en las manos.

— Mantener en regla las vacunas.

1.4.2. Condiciones específicas de seguridad e higiénico-sanitarias que deben reunir los locales, las instalaciones, el mobiliario, los equipos y el material utilizados

En apartados anteriores se han explicado las condiciones que tienen que cumplir los locales y sus instalaciones, los equipos y el material utilizado.

El empresario tiene que adoptar las medidas necesarias para que la utilización de los lugares de trabajo no origine riesgos para la seguridad y la salud de los trabajadores o, si ello no fuera posible, para que tales riesgos se reduzcan al mínimo.

Es conveniente tener en cuenta el Real Decreto 486/1997, de 14 de abril, por el que se establecen las disposiciones mínimas de seguridad y salud en los lugares de trabajo resumiendo los aspectos más relevantes:

El diseño y las características constructivas de los lugares de trabajo deberán ofrecer seguridad frente a los riesgos de resbalones o caídas, choques o golpes contra objetos y derrumbamientos o caídas de materiales sobre los trabajadores. Deberán también facilitar el control de las situaciones de emergencia, en especial en caso de incendio, y posibilitar, cuando sea necesario, la rápida y segura evacuación de los trabajadores.

Deberán poseer la estructura y solidez apropiadas a su tipo de utilización.

Las zonas de los lugares de trabajo en las que exista riesgo de caída, de caída de objetos o de contacto o exposición a elementos agresivos deberán estar claramente señalizadas.

Las dimensiones de los locales de trabajo deberán permitir que los trabajadores realicen su trabajo sin riesgos para su seguridad y salud, y en condiciones ergonómicas aceptables. Sus dimensiones mínimas serán las siguientes:

- 3 metros de altura desde el piso hasta el techo. No obstante, en locales comerciales, de servicios, de oficinas y despachos, la altura podrá reducirse a 2,5 metros. (En las lavanderías será como mínimo de 3,5 metros).

- 2 metros cuadrados de superficie libre por trabajador.

- 10 metros cúbicos, no ocupados, por trabajador.

La separación entre los elementos materiales existentes en el puesto de trabajo será suficiente para que los trabajadores puedan ejecutar su labor en condiciones de seguridad, salud y bienestar.

Los suelos de los locales de trabajo deberán ser fijos, estables y no resbaladizos, sin irregularidades.

Las aberturas o desniveles que supongan un riesgo de caída de personas se protegerán mediante barandillas u otros sistemas de protección de seguridad equivalente, que podrán tener partes móviles cuando sea necesario disponer de acceso a la abertura. La protección no será obligatoria si la altura de caída es inferior a 2 metros.

Los tabiques transparentes o translúcidos y, en especial, los tabiques acristalados situados en los locales o en las proximidades de los puestos de trabajo y vías de circulación, deberán estar claramente señalizados y fabricados con materiales seguros, o bien estar separados de dichos puestos y vías, para impedir que los trabajadores puedan golpearse con los mismos o lesionarse en caso de rotura.

Las vías de circulación de los lugares de trabajo, tanto las situadas en el exterior de los edificios y locales como en el interior de los mismos, incluidas las puertas, pasillos, escaleras, escalas fijas, rampas y muelles de carga, deberán poder utilizarse conforme a su uso previsto, de forma fácil y con total seguridad para los peatones o vehículos que circulen por ellas y para el personal que trabaje en sus proximidades.

Las puertas transparentes deberán tener una señalización a la altura de la vista. Las puertas y portones de vaivén deberán ser transparentes o tener partes transparentes que permitan la visibilidad de la zona a la que se accede. Las puertas correderas deberán ir provistas de un sistema de seguridad que les impida salirse de los carriles y caer. Las puertas de acceso a las escaleras no se abrirán directamente sobre sus escalones, sino sobre descansos de anchura, al menos, igual a la de aquellos.

Los pavimentos de las rampas, escaleras y plataformas de trabajo serán de materiales no resbaladizos o dispondrán de elementos antideslizantes. Se establece una pendiente máxima según longitud. Las escaleras tendrán una anchura mínima de 1 metro, excepto en las de servicio, que será de 55 centímetros. Se prohíben las escaleras de caracol, excepto si son de servicio.

Las escaleras de mano tendrán la resistencia y los elementos de apoyo y sujeción necesarios para que su utilización en las condiciones requeridas no suponga un riesgo de caída, por rotura o desplazamiento de las mismas. En particular, las escaleras de tijera dispondrán de elementos de seguridad que impidan su apertura al ser utilizadas. No se emplearán escaleras de mano y, en particular, escaleras de más de 5 metros de longitud, de cuya resistencia no se tengan garantías. El ascenso, descenso y los trabajos desde escaleras se efectuarán de frente a las mismas. Los trabajos a más de 3,5 metros de altura, desde el punto de operación al suelo, que requieran movimientos o esfuerzos peligrosos para la estabilidad del trabajador, solo se efectuarán si se utiliza cinturón de seguridad o se adoptan otras medidas de protección alternativas. Las escaleras de mano se revisarán periódicamente. Se prohíbe la utilización de escaleras de madera pintadas, por la dificultad que ello supone para la detección de sus posibles defectos.

Las vías y salidas de evacuación, así como las vías de circulación y las puertas que den acceso a ellas, se ajustarán a lo dispuesto en su normativa específica.

Las zonas de paso, salidas y vías de circulación de los lugares de trabajo y, en especial, las salidas y vías de circulación previstas para la evacuación en casos de emergencia deberán permanecer libres de obstáculos de forma que sea posible utilizarlas sin dificultades en todo momento.

Los lugares de trabajo deberán ajustarse a lo dispuesto en la normativa que resulte de aplicación sobre condiciones de protección contra incendios.

La instalación eléctrica de los lugares de trabajo deberá ajustarse a lo dispuesto en su normativa específica.

Los lugares de trabajo y, en particular, las puertas, vías de circulación, escaleras, servicios higiénicos y puestos de trabajo utilizados u ocupados por trabajadores minusválidos deberán estar acondicionados para que dichos trabajadores puedan utilizarlos.

Orden, limpieza y mantenimiento: los lugares de trabajo, incluidos los locales de servicio y sus respectivos equipos e instalaciones, se limpiarán periódicamente y siempre que sea necesario para mantenerlos en todo momento en condiciones higiénicas adecuadas. Las operaciones de limpieza no deberán constituir por sí mismas una fuente de riesgo para los trabajadores que las efectúen o para terceros, realizándose a tal fin en los momentos, de la forma y con los medios más adecuados.

La exposición a las condiciones ambientales de los lugares de trabajo no debe suponer un riesgo para la seguridad y la salud de los trabajadores. En los locales de trabajo cerrados deberán cumplirse, en particular, las siguientes condiciones:

- La temperatura de los locales donde se realicen trabajos sedentarios propios de oficinas o similares estará comprendida entre 17 y 27 °C.

  La temperatura de los locales donde se realicen trabajos ligeros estará comprendida entre 14 y 25 °C.

- La humedad relativa estará comprendida entre el 30 y el 70 %, excepto en los locales donde existan riesgos por electricidad estática en los que el límite inferior será el 50 %.

- Los trabajadores no deberán estar expuestos, de forma frecuente o continuada, a corrientes de aire cuya velocidad exceda unos límites.

La iluminación de los lugares de trabajo deberá permitir que los trabajadores dispongan de condiciones de visibilidad adecuadas para poder circular por los mismos y desarrollar en ellos sus actividades sin riesgo para su seguridad y salud. Se marcan unos niveles mínimos de iluminación de 1000 a 25 lux según la zona donde se ejecute el trabajo. La iluminación de los lugares de trabajo deberá cumplir, además, en cuanto a su distribución y otras características, una serie de condiciones.

Los lugares de trabajo dispondrán del material y, en su caso, de los locales necesarios para la prestación de primeros auxilios a los trabajadores accidentados conforme a unas normas.

1.4.3. Prohibiciones

En el presente capítulo se ha hablado bastante de las medidas de seguridad e higiene en la utilización de productos y maquinaria, y en los procesos de lavado de ropa, de los riesgos y su prevención.

En este apartado resumiremos las prohibiciones **más importantes aunque ya las hayamos mencionado:**

- No fumar, comer o beber en el lugar de trabajo.

- No utilizar anillos, colgantes o pulseras que puedan engancharse.

- No usar ropa y calzado que no sea el destinado al trabajo.

- No manipular ropa sucia, productos químicos o de lavado, ni cierta maquinaria sin los EPI adecuados.

- No manipular maquinaria ni productos sin la formación adecuada.

- No manipular maquinaria con las manos mojadas.

- No mezclar productos de lavado ni productos químicos.

- No reparar averías ni realizar tareas preventivas sin estar autorizado para ello.

- No subirse encima de las máquinas, ni colocarse debajo para alcanzar objetos.

- No utilizar sillas o taburetes para alcanzar objetos, emplear escaleras de medidas adecuadas y con la protección adecuada en caso de ser necesario.

- No sobrepasar el límite de apilado del material almacenado.

- No almacenar productos inflamables junto a otros productos o ropa.

- No manipular cargas sin las medidas preventivas adecuadas.

Actividades prácticas

1.1. Calcule las dimensiones totales que debe tener una lavandería-lencería de un establecimiento de alojamiento de alta categoría que realice el lavado y tratado de 600 kg diarios de ropa de cama, baño, personal, sala y clientes.

1.2. En el supuesto anterior, calcule el número de trabajadores que necesitará si se estima que cada trabajador debe producir 200 kg de ropa limpia por turno. ¿Cuántos turnos de trabajo establecería y por qué?

1.3. Elabore en un plano el diseño de una lavandería de configuración horizontal de flujo operacional en forma de «I» teniendo en cuenta las distintas secciones y el principio de marcha adelante.

1.4. Tomando como referencia el Cuadro 1.3 de proporciones aproximadas de los componentes de un detergente para el lavado de ropa de tipo medio, indique si se tratan de materia activa, coadyuvantes, blanqueantes, aditivos o auxiliares.

1.5. Realice la búsqueda de, al menos, cuatro empresas especializadas en maquinaria de lavado, indicando la dirección web, situación geográfica y años de experiencia en el sector.

1.6. Elabore un cuadro indicando los distintos tipos de agua empleados en el lavado de ropa, sus consecuencias y las medidas correctivas que aplicar.

1.7. Indique los ácidos minerales y orgánicos más usados en el lavado de ropa.

1.8. Calcule el consumo total de agua por kilogramo de ropa de un programa completo para el lavado de ropa muy sucia donde se realice remojado y prelavado y cuatro aclarados.

1.9. Teniendo en cuenta la duración media de las sábanas y el número de juegos en circulación, calcule aproximadamente cada cuánto tiempo habría que reponer una partida si la ropa se lava a diario.

2. Análisis, ejecución y control de los procesos de planchado de ropa

Contenido

El proceso de planchado de ropa es posterior al lavado y secado, y anterior al plegado. Algunas prendas de clientes pueden ser planchadas a petición de los mismos sin necesidad de ser lavadas. Los procesos de planchado de ropa tienen algunas dificultades, pero los factores que intervienen en ellos son menores que en el lavado.

El proceso de planchado cumple tres funciones:

- La función principal es estirar la ropa y eliminar arrugas.

- A la vez que estiramos la ropa, conseguimos dejarla seca.

- Al utilizar altas temperaturas estamos higienizando la ropa, eliminando posibles restos de contaminación microbiológica procedentes algunas veces del secado al aire o del uso de productos, agua o temperaturas inadecuadas.

Para la correcta ejecución de los procesos no solo es necesario conocer los mismos, sino también identificar las fibras y sus etiquetas, y conocer el correcto funcionamiento de la maquinaria.

2.1. Plancha en el departamento de pisos

La plancha en el departamento de pisos es una labor propia del servicio de lavandería-lencería. Algunos establecimientos incluyen tablas y planchas en las habitaciones a disposición de sus clientes.

El planchado puede ser manual o mecánico y en seco o en húmedo. El manual se realiza mediante planchas tradicionales. El planchado mecánico se realiza mediante prensas más o menos complejas.

El planchado en seco no es muy aconsejable por el daño que produce en las fibras. Se usa principalmente en sastrería. El planchado en húmedo se realiza mediante la expulsión de vapor por parte de la plancha. El vapor puede ser húmedo, saturado, seco y recalentado. El más recomendable es el vapor seco ya que no aumenta la humedad de la prenda.

Existen otros tipos de mecanismos de planchado mediante cámaras o maniquís de vapor para prendas muy delicadas donde no es conveniente el uso de planchas o prensas. Este tipo de maquinaria es muy costosa y no suele ser rentable en establecimientos de alojamiento.

2.1.1. Organización y funcionamiento del departamento

Como hemos explicado en la primera unidad, los procesos de planchado se realizan en una sección totalmente separada del resto de secciones. La mayoría de las veces, por cuestiones de espacio u operativa, el planchado de ropa lisa se encuentra integrado dentro de la zona de lavandería y el de ropa de forma dentro de la lencería.

El planchado de ropa lo realizarán los camareros de pisos con funciones de planchadores. Cuando las prendas son de clientes y muy delicadas, el planchado lo suele asumir la encargada general.

Dependiendo del volumen de trabajo y del número de empleados, la plancha de ropa lisa la puede realizar un solo operario. Cuando se trata de planchar y plegar prendas grandes, como sábanas o manteles de banquetes, es necesaria la intervención de dos operarios.

La organización del trabajo de planchado dependerá de la producción de la lavandería y del ritmo que esta marque. Se organizará un circuito lógico de procesos donde se establezcan las funciones de cada empleado y la continuidad de la cadena de producción. Una vez que la ropa esté planchada, se pasará al plegado y posterior almacenamiento o a la sección de reparación (costura), si se estima oportuno.

Es conveniente establecer rotaciones en los puestos de trabajo, ya que el planchado de la ropa es una de las actividades que más fatiga produce.

2.1.2. Local e instalaciones de planchado

Las condiciones del local e instalaciones de planchado serán las mismas que se han explicado en el capítulo relativo a la lavandería, a excepción de que en la zona de planchado no es necesaria la instalación de tolvas y almacenado de ropa sucia ni tampoco es necesario el suministro y evacuado de agua.

Es importante tener en cuenta la humedad y calor que se genera en esta zona para diseñar adecuadamente la altura, ventilación y evacuación de la condensación.

2.2. Selección y control de uso de equipos, máquinas y útiles propios de planchado de ropa

Antes de explicar los equipos propios del planchado de ropa vamos a conocer sus clases según la clasificación siguiente:

- **Máquinas planchadoras:**
    - Planchadoras murales: de un solo rodillo, de distintos diámetros (de 180 a 250 mm) y largos de cilindro (1000, 1200 y 1400 mm). Según el tamaño,

producen de 20 a 40 kg de ropa planchada a la hora. Para poder planchar con este tipo de maquinaria, las prendas deben tener una humedad residual del 10 al 15 % tras el proceso de centrifugado y secado. La entrada y salida de la ropa se produce de manera frontal. Funcionan por electricidad.

— Planchadoras-secadoras o calandras: con uno (calandra mural) o varios rodillos, planchan y secan la ropa simultáneamente. Los diámetros de los rodillos pueden ser de 180 a 500 mm y la longitud puede ir de 1400 a 3200 mm. Pueden tratar prendas que tras el lavado-centrifugado tengan humedad residual de un 40 %. Según los modelos, producen de 10 a 80 kg o de 12 a 100 kg de ropa a la hora. La entrada y salida de la ropa puede ser por el mismo lado (trabajo frontal) o por lados opuestos según modelos. El sistema de calefacción puede ser eléctrico, a gas o vapor. Los modelos de varios rodillos tienen bandas de introducción de ropa, velocidad de la plancha regulable y extracción de vahos. Algunos modelos incluyen regulación de temperatura y velocidad automática, y plegado de ropa. El plegado de ropa puede hacerse programando la longitud de la prenda y el tipo de pliegues que deseamos o simplemente fijando la longitud y automáticamente la máquina seleccionará el tipo y número de pliegues adecuados.

— Calandras de alta producción: procesan entre 600 y 1200 kg de ropa a la hora. El plegado de la ropa puede ser total o parcial. Se puede incorporar recogedores de ropa.

— Mesas de repaso: se utilizan para el planchado manual de ropa de forma. Están compuestas de:

  – Mesa, tabla o plato aspirante, vaporizante o soplante con pedal y regulación de temperatura.

- Generador de vapor adosado a la tabla o independiente, con depósito de 2, 5 y hasta 15 litros de agua. Existen generadores de vapor para trabajar simultáneamente con dos o más planchas.
- Plancha de 800 a 1000 W. Temperatura regulable y botón de acción extra de vapor.
- Soporte para cable y elevador de plancha (opcional).
- Algunos modelos incluyen carga de agua automática que precisan conexión a la red y válvula de vaciado.

— Prensas neumáticas, maniquís y cabinas de planchado: para el planchado de ropa de forma de manera automática.

— Planchas de tipo doméstico: de uso sencillo para el planchado y repaso puntual de ciertas prendas.

- **Complementos de máquinas planchadoras:**
  — Para calandras:
    - Recogedores de ropa: con pinzas o bandas de introducción.
    - Plegadoras: las hay para prendas pequeñas, servilletas, toallas, etc. Imprescindibles cuando el volumen de trabajo es alto.
    - Apilador de prendas.
    - Embolsadoras.
  — Para mesas de repaso:
    - Cepillo vaporizante.
    - Brazo para mangas.

- **Útiles y herramientas:**
  — Mangueros o brazo para mangas.
  — Moldes para planchar corbatas.
  — Almohadillas.
  — Láminas antiadhesión para planchas manuales.
  — Cepillos quitapelusas, para piel afelpada o quitabolas de lana.
  — Estanterías con ruedas.
  — Colgadores con ruedas.
  — Bandejas o cestas.
  — Pulverizadores de agua.

La elección de la maquinaria dependerá del presupuesto con el que contemos, del volumen y tipo de ropa que tratemos en el establecimiento y del espacio que dispongamos.

Los rodillos son fáciles de instalar y ocupan poco espacio. Son adecuados para empresas con poco volumen de trabajo. Para el planchado de ropa plana, lo ideal es instalar una calandra o planchadora-secadora, son más caras, requieren una serie de condiciones en su instalación y, a veces, no disponemos del espacio suficiente para su ubicación. Elegiremos siempre que sea posible aquella que tenga mayor diámetro y longitud de rodillos conforme al tipo de ropa que vayamos a planchar, ya que es muy importante tener en cuenta el ancho de la ropa que tenemos que tratar (sábanas, manteles especiales, etc.) y el volumen de trabajo conforme a los kilogramos de ropa que se lava en una hora y que tiene que plancharse. Los complementos de este tipo de máquinas son imprescindibles en establecimientos donde la producción de ropa planchada es muy alta.

Siempre es conveniente disponer de mesas de repaso y generador de vapor, ya que, aunque tienen un precio elevado, su rendimiento es muy superior a cualquier otro tipo de planchas manuales. Es aconsejable elegir modelos donde la mesa y el generador de vapor sean independientes, puesto que las mesas o platos que llevan incorporado el generador tienen sus complicaciones a la hora de repararse debido al traslado de todo el conjunto. Además, en caso de avería de una de las partes, que suele ser el generador, podríamos aprovechar la que funciona.

Dispondremos, además, de planchas de tipo doméstico para casos de repasos puntuales de ropa o cuando el volumen de planchado es tan pequeño que no compensa poner en marcha cualquier otro tipo de maquinaria que requiere un tiempo más elevado de calentamiento y un consumo eléctrico superior.

2.2.1. Productos específicos

En el planchado de la ropa apenas se usan productos específicos, ya que los tratamientos específicos de los tejidos se hacen en el lavado-aclarado.

El único producto que se usa para que la ropa no se arrugue después del planchado, se conserve durante mucho más tiempo limpia y su presentación sea mejor, es el almidón. El almidonado puede realizarse en el último aclarado de la ropa añadiendo de 5 a 15 g por kilogramo de ropa de producto específico y dejando actuar unos cinco minutos. También puede hacerse mediante un espray específico para conseguir apresto cuando son pocas las prendas que deseamos almidonar. Su aplicación es sencilla y consiste en pulverizar poco a poco y por partes la prenda, dejar actuar y aplicar la plancha. Si lo que queremos es que la prenda tenga buena presentación, como en el caso de las camisas, bastará aplicar únicamente en los delanteros.

Existen también espráis suavizantes de arrugas para casos en los que la prenda tenga arrugas persistentes. Su uso es como el espray de apresto.

No es aconsejable el uso de aguas perfumadas.

Las planchas de hoy en día suelen traer sistemas antical. En ocasiones, debe usarse agua destilada o descalcificadoras.

2.2.2. Análisis y evaluación de productos, rendimientos y riesgos en su utilización

En general, los pocos productos específicos para el planchado de ropa apenas tienen riesgos en su utilización. Es conveniente leer bien la etiqueta y seguir los consejos generales de manipulación de productos químicos que hemos explicado en el Capítulo 1.

Si empleamos el producto de apresto o suavizante de arrugas en aerosol, tendremos cuidado de mantenerlo lejos de fuentes de calor. Siempre es mejor emplear productos en espray que en aerosoles, ya que estos últimos tienen muchos riesgos para la salud.

2.2.3. Equipos, maquinaria, útiles y herramientas, mantenimiento de uso y normas de seguridad en su utilización

Las normas generales de seguridad en la utilización de maquinaria específica de planchado de ropa son las mismas que se han explicado en el apartado de maquinaria de lavado.

Los riesgos de la maquinaria de planchado tipo rodillo o calandra son los atrapamientos, las quemaduras por elementos o superficie calientes y las posibles descargas eléctricas. Toda máquina de este tipo debe tener un botón de parada de emergencia (de color rojo y en forma de seta) que se accionará en caso de necesidad.

Como normas específicas de seguridad para las calandras diremos que:

- Antes de usar la calandra, hay que asegurarse de que funciona la barra de seguridad para la protección de manos; de lo contrario, avisar a su supervisor.
- Si se produjera un atasco en la calandra, parar la máquina y avisar a su superior o al servicio de mantenimiento.
- En caso de que la máquina se parara por falta de corriente, existe una manivela que permite abrirla para retirar la ropa que se ha quedado en el interior. Realizar la operación con precaución y asegurarse de que está desconectada.

- La temperatura del local donde se encuentre la maquinaria no debe bajar de 15 °C; de lo contrario, se puede bloquear o estropear.

- Cualquier operación de limpieza o mantenimiento preventivo lo realizará el personal autorizado.

- Para problemas de incrustación, dosificación de cera, etc., se seguirán las instrucciones del fabricante.

Las planchas manuales, tanto si son de tipo doméstico como si son de tipo semindustrial, pueden producir riesgos de descarga eléctrica o quemaduras. Como normas específicas de seguridad diremos que:

- Para el llenado del depósito de agua del calderín o caldera siempre lo haremos con la plancha o generador desconectados de la red, empleando un embudo para evitar desbordamientos.

- No abrir nunca el tapón de la válvula de seguridad si la caldera está caliente y el manómetro indica cifras superiores a cero bares, ya que corremos el riesgo de quemarnos por la acción del vapor a presión. En cualquier caso, abrir siempre con precaución.

- No tocar la base de la plancha ni la caldera cuando están funcionando, corremos el riesgo de quemarnos.

- Tener cuidado con los cables, ya que los retorcimientos pueden producir daños en los mismos y, en consecuencia, descargas.

- En tiempos de parada o descanso colocar siempre la plancha sobre el reposaplanchas con funda térmica, nunca sobre la tabla o mesa o sobre prendas, ya que existe riesgo de que se quemen.

- Desconectar inmediatamente si la plancha o generador de vapor desprenden agua.

- No obstruir la salida de vapor de la tabla o mesa y tener cuidado de que no haya personas u objetos delante de la misma cuando accionemos el pedal de aspiración.

2.2.4. Procedimientos de búsqueda y tratamiento de proveedores

El procedimiento de búsqueda y tratamiento de proveedores es el mismo que se ha explicado en el Capítulo 1.

Las empresas proveedoras de maquinaria de lavado también ofrecen maquinaria de planchado tipo industrial. Para centros de planchado o planchas es mejor buscar proveedores especializados. Hay empresas que cuentan con un catálogo extenso de productos, útiles y maquinaria de planchado.

Para la instalación de máquinas tipo calandra es necesario el asesoramiento de un experto. Siempre buscaremos proveedores que garanticen la reparación de averías en menos de veinticuatro horas y el suministro adecuado de piezas de sustitución.

2.3. Análisis y evaluación de los sistemas, procesos y métodos de planchado de ropa

Para que los procedimientos de planchado de ropa sean los adecuados y el trabajo fluya con rapidez, es necesario preparar los lotes de planchado clasificando la ropa que tratar.

La clasificación se hace de la siguiente manera:

- Según el tipo de máquina que aplicar:
  — Plancha de mano: ropa de clientes, de personal, almidonados o hilos.
  — Rodillo o calandra: ropa lisa. Se divide en tres grupos, pisos, comedor y cocina.
  — Ropa que no se plancha: felpa, muletón, punto, fibras sintéticas, etc.
- Según el tipo de doblaje:
  — Ropa de distintos tamaños: grande, mediana y pequeña.
- Según el color: blanca o de color.
- Según la temperatura de planchado.

Clasificación en el transporte:

- En bandejas la de poco peso y menuda.
- En carros con estanterías las grandes y de peso.
- En perchas de pie. Chaquetillas y ropa de personal.
- En galanes. Los pantalones de calle, servicio y cocina.

Para la explicación de los procesos y métodos de planchado, su análisis y evaluación dividiremos la unidad en tipos de planchados según las prendas y tejidos que tratar y la maquinaria que emplearemos.

- **Planchado de ropa plana en calandra de tipo frontal**

  Para el planchado de ropa con este tipo de máquinas es necesario organizar bien el trabajo para no cambiar la programación hasta terminar con todo el lote de la misma serie. Dentro de una misma programación, también es preciso clasificar la ropa en tamaños (grande y pequeña).

Puntos que hay que tener en cuenta en el planchado:

— La velocidad y temperatura serán siempre las correctas.

— Las cintas de acompañamiento de prendas deben estar completas y tensadas.

— El rodillo de entrada no debe tener ningún recubrimiento.

— En caso de atasco de una prenda, urgentemente se parará la máquina y se sacará la prenda levantando los rodillos.

— La utilización de la longitud del rodillo será siempre completa pasando las ropas de frente o alternando. Lo haremos de tal manera que no dejemos zonas del rodillo sin usar, ya que se producen sobrecalentamientos que pueden dañar la ropa.

— La introducción de la ropa tiene que ser siempre por el dobladillo y con la costura hacia arriba.

— Una pieza mal introducida seguirá su curso, saldrá mal planchada.

— No introducir prendas dobladas en cuatro, ya que el planchado/secado y/o plegado no serán los correctos.

— El ancho de la ropa no superará el ancho útil del cilindro.

— Algunas piezas, como el lino o muy gruesas, requieren doble pasada para que queden bien.

Puesta en marcha de la calandra:

— Comprobar que el botón de emergencia se encuentra desbloqueado.

— Accionar el interruptor general. Abrir el grifo de gas o válvula de vapor según el tipo de calentamiento de la máquina.

— Pulsar la tecla de puesta en marcha.

— Durante el arranque, la máquina funciona en modo automático.

— Programar modo manual:

  – Ajustar la temperatura mediante las teclas +/- (180 °C) y pulsar OK. La temperatura mínima permitida en máquinas que funcionan con gas es de 101 °C y la máxima es de 245 °C. En máquinas de calentamiento eléctrico, la temperatura de planchado oscila entre 150 °C y 180 °C.

  – Ajustar la velocidad mediante las teclas +/- (2,0 m/min) y pulsar OK.

— Si la máquina dispone de distintos tipos de plegado, seleccionar los mismos: sin plegado, manual o automático.

— Si seleccionamos el plegado manual, hay que tener en cuenta la longitud y el número de pliegues que queremos obtener. Los pliegues siempre serán pares (mínimo cuatro) y tendremos en cuenta la longitud de la prenda. Por ejemplo, para una sábana de 240 cm podemos obtener 6 pliegues de 40 cm u 8 de 30 cm, nunca 4 de 60 cm.

— Comprobar que funciona el protector de seguridad de manos accionándolo.

— Colocar las piezas para planchar en la mesa de entrada.

— Introducir las piezas de manera continua teniendo en cuenta las indicaciones que se han expuesto.

Procedimiento de planchado de ropa lisa en calandra:

— Sábanas: se planchan abiertas, siempre que lo permita el ancho del rodillo.

— Fundas de almohada: se van metiendo a lo ancho una detrás de otra. También se puede planchar a lo largo, tres o cuatro, dependiendo de la longitud.

— Manteles: entran abiertos o doblados por el centro según el ancho del rodillo y la prenda que planchar. Se pueden ir planchando prendas pequeñas a la vez si el ancho nos lo permite.

— Cubremesas y cubreaparedores: se planchan abiertos.

— Prendas pequeñas: de forma alternada y continuada.

— Delantales: entran por la parte superior abiertos y con las cintas en los laterales.

Incidencias:

Es posible que tras el calandrado la ropa no salga en condiciones óptimas. En el Cuadro 2.1, explicaremos las causas y posibles soluciones a los problemas que aparecen tras el paso de la ropa por la calandra.

CUADRO 2.1. PROBLEMAS EN EL CALANDRADO DE ROPA, CAUSAS Y SOLUCIONES		
PROBLEMA	CAUSA	SOLUCIÓN
La ropa se pega al cilindro	La ropa no está correctamente aclarada.	Aumentar el número de aclarados o reducir la dosis de producto de lavado.
	La ropa no ha sido correctamente centrifugada.	Rectificar el centrifugado.
	Verificar que las cintas despegadoras de la calandra están intactas. Controlar la temperatura del cilindro.	Reparar o ajustar.

(Continúa en la siguiente página)

CUADRO 2.1. PROBLEMAS EN EL CALANDRADO DE ROPA, CAUSAS Y SOLUCIONES		
PROBLEMA	CAUSA	SOLUCIÓN
La ropa se pega al cilindro	La ropa está almidonada.	Es normal que el almidón pueda depositarse en el cilindro.
La ropa no sale seca	El centrifugado es inferior a 300 G. Controlar la calidad del centrifugado.	Presecar la ropa en secadora durante 5 a 10 minutos. El índice residual de humedad de la ropa tiene que ser de un 50 % como máximo.
	La velocidad de planchado es muy elevada.	Reducir la velocidad.
	La temperatura de planchado es muy baja.	Aumentar temperatura.
	La ropa es demasiado gruesa.	Pasar por la plancha dos veces.
	Controlar: El funcionamiento del calentamiento. El funcionamiento y limpieza del sistema de aspiración. El estado de las cintas de planchado (sin restos calcáreos o de detergente). La presión del rodillo sobre el cilindro.	Realizar las medidas correctivas adecuadas según instrucciones.
Las prendas desprenden electricidad estática	Tejidos compuestos en parte de fibras sintéticas. Utilizar velocidad alta de planchado con bajo índice de humedad de la ropa para rentabilizar el proceso provoca electricidad estática en las prendas.	Usar en el último aclarado un producto que reduzca la electricidad estática.
La ropa sale coloreada o manchada	El color marrón puede provenir de residuos de detergentes.	Se eliminan con el lavado. Revisar el aclarado, dosificación o tipo de detergente empleado.
	El color marrón oscuro puede provenir también por emplear altas temperaturas en el planchado o no usar correctamente toda la longitud del rodillo.	Bajar la temperatura o aumentar la velocidad de planchado. La eliminación de manchas de quemado es muy difícil.

(Continúa en la siguiente página)

CUADRO 2.1. PROBLEMAS EN EL CALANDRADO DE ROPA, CAUSAS Y SOLUCIONES		
PROBLEMA	CAUSA	SOLUCIÓN
La ropa sale coloreada o manchada	El color amarillento de la ropa proviene de un mal aclarado.	Controlar la calidad del agua de lavado (TH/TAC). Controlar la incrustación de la ropa. Controlar los ciclos de lavado y aclarado.

- **Planchado de ropa cerrada en mesa de repaso**

   Lo primero que debemos hacer antes de iniciar el planchado manual de la ropa es preparar los lotes de planchado según el tipo de prenda y/o fibra.

   Puesta en marcha de la mesa y centro de planchado:

   Vamos a explicar el procedimiento a través de la Figura 2.1.

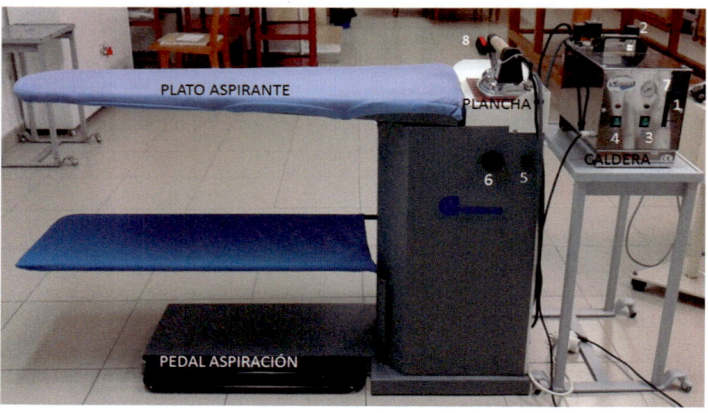

Figura 2.1. Zona de planchado.

— Comprobar el nivel de agua de la caldera (1).

— Abrir el tapón de la caldera (2) y llenar de agua hasta el nivel máximo si vamos a trabajar durante unas horas. Si tenemos que planchar pocas prendas, no llenaremos del todo el depósito, ya que tarda más en calentar. Cerrar el tapón.

— Conectar a la red el centro de planchado y la mesa.

— Accionar los botones de calentamiento de la caldera (3) y de la plancha (4).

— Accionar el botón de encendido de la mesa de planchado (5).

— Seleccionar la temperatura de la mesa girando la rueda (6). La temperatura media de calentamiento es de unos 60 °C.

— Seleccionar la temperatura de la plancha, según el tipo de tejido que tratar, girando la rueda: baja (110 °C), media (150 °C) o alta (200 °C).

— Comenzar el planchado cuando la aguja del manómetro (7) indique la presión adecuada que suele ser 2,5 bares en generadores de vapor pequeños y hasta 3,5 o 4 bares, en grandes.

— Levantar la plancha y accionar un par de veces el botón de vapor extra (8) para purgar la caldera.

— Comenzar el planchado.

— Una vez finalizado el trabajo y cuando el generador de vapor esté frío, vaciar la caldera.

Puntos que tener en cuenta en el planchado:

— Comprobar siempre la idoneidad del tejido con la temperatura que se va a aplicar. Realizar una prueba en costura si lo creemos necesario.

— Cada clase de tejido requiere una humedad, temperatura y tratamiento adecuado según el Cuadro 2.2.

CUADRO 2.2. PLANCHADO DE DIFERENTES TEJIDOS	
TEJIDO	MÉTODO QUE APLICAR
ALGODÓN	Tejido húmedo. Temperatura elevada. Planchar del derecho.
HILO	Tejido muy húmedo. Temperatura máxima. Planchar del derecho.
LANA	Con un paño ligeramente humedecido o con vapor sin realizar mucha presión. Temperatura medio-baja. Primero del revés y después del derecho.
SEDA	Tejido completamente mojado. Temperatura medio-baja. La seda de color oscuro se plancha del revés. La seda de color claro se plancha primero del revés y después del derecho.
NAILON	No precisa plancha.
TERGAL	Planchar a vapor y temperatura baja.
TERCIOPELO	Humedecer la tela por el revés y colocar la tela pelo sobre pelo. Planchar al aire con vapor ligeramente caliente.
TEJIDOS ALMIDONADOS	Tejido muy húmedo y ligeramente almidonado. Temperatura elevada. Planchar del derecho.

— Planchar siempre en dirección al hilo del tejido.

— Tener cuidado con elementos metálicos (cremalleras, adornos, etc.) y botones. No colocar la plancha encima.

— Accionar el pedal de aspiración cuando exista mucha condensación de vapor en la tabla y la prenda esté demasiado húmeda. El pedal de soplado se usa para el planchado de prendas delicadas.

— Si la plancha «escupe agua» o la ropa tiene manchas de goterones de agua es posible que sea debido a una temperatura de la plancha demasiado baja.

Procedimiento del planchado de camisas:

— Comenzar por el cuello, primero del revés y después del derecho.

— Planchar hombros y canesú.

— Seguir por las mangas, primero los puños empezando por el revés y después por el derecho. Colocar la manga con la costura bien colocada. Planchar primero la zona de los puños levantando un poco la prenda para introducir bien el pico de la plancha y no realizar excesivos pliegues. Continuar con el resto de la manga desde el pliegue hacia la costura.

— Colocar un delantero y planchar.

— Pasar a la espalda, teniendo cuidado de no marcar excesivamente los pliegues cercanos al canesú.

— Terminar con el otro delantero.

— Colocar en percha abotonando el primer, segundo y último botón o pasar al plegado y empaquetado.

Planchado de blusas:

— Si la blusa está abotonada, empezar por la espalda, y, a continuación, los delanteros. Si fuera de una sola pieza, planchar al contrario, es decir, primero el delantero y después la espalda.

— Las mangas se plancharán con la ayuda de mangueros para no hacer raya.

Planchado de falda:

— Si fuera tableada, lo primero que hay que hacer antes de planchar es colocar los tablones, pasando un hilván para que al planchar no se abran y queden bien.

— Empezar planchando el forro. Planchar la prenda del derecho con un paño húmedo para evitar brillos.

— Colocar en percha con pinzas.

Planchado de pantalones:

— Colocar la prenda del revés.

— Planchar la cinturilla e interior de los bolsillos.

— Planchar el pantalón insistiendo en las costuras.

— Dar la vuelta a la prenda y planchar del derecho la zona de la pierna y entrepierna.

— Continuar con los bolsillos cuidando de que estén bien colocados y protegiendo la prenda con un paño para evitar brillos.

— Doblar el pantalón haciendo coincidir las costuras, colocar encima de la plancha y hacer la raya de ambas piernas.

— Colocar colgado de la cintura en percha con pinzas o doblado en percha especial o galán hasta que seque bien para que queden las menos marcas posibles.

Planchado de camiseta:

— Comenzar del revés y después del derecho. Primero el delantero y después la espalda.

Planchado de chaquetas:

— Se hará siempre con un trapo para evitar brillos, de color parecido a la prenda para evitar que las pelusas que se puedan desprender manchen la prenda.

— Comenzar por las mangas que se plancharán con la ayuda de un manguero.

— Continuar por la espalda y después los delanteros. Repasar el forro por su hubieran quedado pliegues o arrugas.

— Repasar las solapas y planchar el cuello, empezando por el revés y después por el derecho.

— Planchar hombros y colgar en percha.

2.3.1. Aplicaciones de los equipos y materiales básicos

Para la realización de los procesos de planchado necesitaremos, como mínimo:

• Varios elementos de transporte.

• Una plancha tipo rodillo o calandra.

• Una o varias planchas manuales.

- Mesas para doblar.

- Varios elementos de almacenado.

Sus aplicaciones han sido explicadas en puntos anteriores no considerando conveniente extendernos más en este apartado.

2.3.2. Procedimientos de transmisión de órdenes, ejecución y control de resultados

El trabajo desarrollado en la sección de planchado estará siempre organizado de manera sincronizada y sistemática.

La sección de planchado pertenece al departamento de lavandería-lencería. El tipo de comunicación que se desarrolla en ella es interna, ya que reciben órdenes de planchado/plegado de la sección de lavado/secado y emiten órdenes de costura y almacenado a la sección de lencería. El procedimiento de transmisión de órdenes suele ser informal, puesto que los registros de entrada y salida de ropa quedan reflejados en otras secciones. Simplemente se recibirá la ropa, sabiendo cada operario cuál es su cometido.

La ejecución se realizará según el puesto de trabajo y las órdenes recibidas con antelación.

En cuanto al control de los resultados, será competencia del encargado o encargada general.

2.3.3. Almacenamiento y distribución de ropa planchada

La organización del almacén de ropa limpia depende de las existencias con las que podemos contar, del factor de cambio y del espacio que disponemos.

En el caso de ropa de habitaciones, tenemos que diferenciar entre ropa de cambio frecuente o diario y ropa de cambio eventual.

La distribución de ropa de habitaciones se realiza mediante un circuito en el que la ropa lavada se almacena temporalmente en la lencería diferenciando la de uso frecuente a la de uso menos frecuente que denominaremos reserva. De ahí, pasa a los *offices* de planta, donde su almacenamiento también es temporal, pasando a los carros de pisos para su distribución. De los carros pasará a estar puesta en la habitación y, de ahí, volverá en carros de ropa sucia al *office; del office,* a la lavandería, y de la lavandería a la lencería iniciando el proceso de nuevo según se muestra en la Figura 2.2.

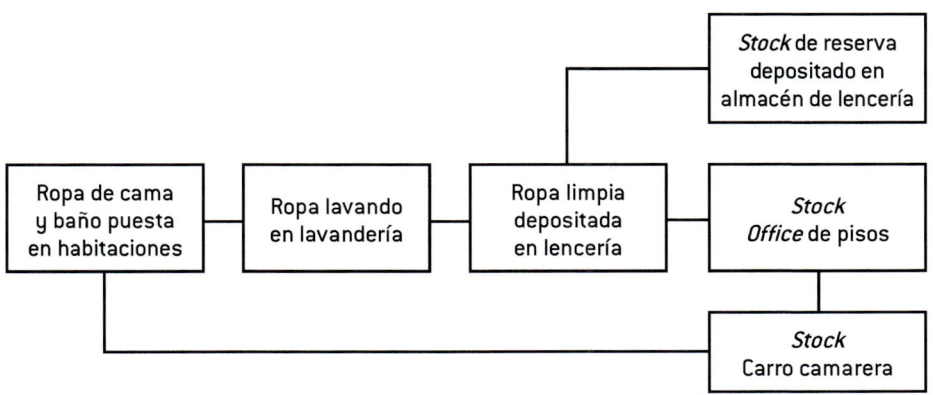

Figura 2.2. Circuito ropa de habitaciones.

El circuito de la ropa de sala es muy similar al de las habitaciones.

La ropa que se encuentra en reserva dentro del almacén estará perfectamente ordenada y clasificada, preferiblemente embolsada para evitar que se estropee. Contaremos con fichas de existencias donde se anotarán las entradas y las salidas, además de un *planning* de distribución del almacenaje.

La ropa depositada en lencería se encontrará al igual que en el almacén perfectamente ordenada y clasificada por departamentos (comedor, pisos, cocina, zona noble, etc.), tipos, tamaños y frecuencia de uso. Se colocará en carros si su rotación es frecuente o en armarios si es menos frecuente. Se pondrán con los lomos hacia fuera en lotes de diez alternados (para facilitar su recuento) si es de tamaño pequeño o con etiquetas identificativas si es grande y, en el mismo espacio, almacenando diversos tipos, como se muestra en la Figura 2.3. La ropa de menor uso estará siempre almacenada en la zona alta. Antes de almacenar la ropa recién planchada, conviene que repose, ya que suele contener algo de humedad.

La ropa de los *offices* se almacenará de igual manera que en la lencería, preferiblemente en armarios. Contaremos con una relación del *stock* de ropa para el control de la misma.

Figura 2.3. Almacenado de ropa en armarios de lencería.

2.4. Control del cumplimiento de las normas de seguridad e higiene en los procesos de planchado de ropa

El control del cumplimiento de las normas de seguridad e higiene en los procesos de planchado de ropa es el mismo que el explicado en los procesos de lavado de ropa.

2.4.1. Aplicación de normas, técnicas y métodos de seguridad en los procesos

Las normas generales, en cuanto a obligaciones de los empleados en materia de seguridad e higiene, son las que explicamos en el apartado de lavandería.

Los riesgos específicos en el planchado de ropa con plancha manual son:

- Quemaduras por contacto accidental con la plancha o por acción del vapor en operaciones de purgado.

- Contacto eléctrico por mal estado del cableado, enchufe o tomas de corriente.

- Lesiones musculoesqueléticas por diseño no ergonómico del puesto de trabajo o por posiciones repetitivas.

- Desarrollo de intolerancia o alergia a las fibras por el contacto continuo.

Las medidas de seguridad que podemos aplicar en el planchado con plancha manual son:

- Señalización de contacto térmico.

- Maquinaria con toma de tierra.

- El cable de la plancha nunca se encontrará sobre la mesa de planchado ni en el suelo, contaremos con recogecables.

- La mesa de planchado contará con reposaplanchas y funda térmica.

- Se recomienda que el movimiento de la plancha se realice mediante la instalación de polea.

- Evitar estrés térmico por altas temperaturas instalando un sistema de climatización adecuado.

- Si empleamos algún tipo de quitamanchas, extremar la ventilación.

- La iluminación será la adecuada, preferiblemente 500 lux según marca la Norma UNE 7211286.

- Contaremos con reposapiés de 17 cm de altura y con inclinación máxima de 10°. Alternaremos la colocación de los pies durante el tiempo de trabajo.

- La mesa de planchado se encontrará en altura adecuada al trabajador. Se recomienda colocar la misma a la altura del ombligo o un poco por encima.

- El puesto de trabajo estará bien delimitado para evitar el paso de otros trabajadores que pudieran entorpecer las tareas o provocar accidentes.

- Seguir las normas de manipulación y procedimientos adecuados según la información suministrada por la empresa.

- Utilizar ropa de trabajo adecuada, de fibra natural y ceñida en las mangas.

Los riesgos específicos en el planchado con calandra son:

- Atrapamientos por descuido, por manipulación incorrecta del rodillo o por uso de ropa inadecuada, anillos o cualquier objeto personal que pueda engancharse.

- Quemaduras por contacto con la ropa a la salida de la máquina, por contacto con el rodillo u otras piezas en la realización de tareas de mantenimiento en caliente o por extracción de prendas enganchadas.

- Electrocución o descargas.

- Sobreesfuerzos por tareas repetitivas o por planchado de prendas excesivamente grandes.

- Desarrollo de intolerancia o alergia a las fibras por el contacto continuo.

Las medidas de seguridad que aplicar en el calandrado se pueden resumir en:

- Trabajar con la ropa y calzado adecuados, el pelo recogido y sin objetos personales que puedan engancharse.

- Leer bien las instrucciones de funcionamiento de la máquina y no realizar operaciones de mantenimiento con la máquina caliente o conectada a la red.

- No manejar la maquinaria si hay vertido de líquidos.

- Instalar sistemas de introducción de ropa automática.

- Alternar planchado de lotes de ropa pequeña con lotes de ropa grande y rotar en el puesto de trabajo.

2.4.2. Condiciones específicas de seguridad e higiénico-sanitarias que deben reunir los locales, las instalaciones, el mobiliario, los equipos y el material utilizados

Las condiciones específicas de seguridad e higiénico-sanitarias del local, instalaciones, etc., de la sección de planchado, son comunes a las desarrolladas en la unidad primera relativas a la sección de lavado.

A lo largo del presente capítulo hemos desarrollado todo lo relativo a normas de seguridad y prevención de riesgos en los apartados de condiciones de los locales y normas de utilización de la maquinaria, y útiles y productos de planchado de ropa.

2.4.3. Prohibiciones

Las prohibiciones específicas en el planchado de ropa son comunes a las de lavado de ropa. Además de las indicadas en el Capítulo 1, y como específicas del planchado de ropa, diremos que está prohibido:

- Manipular ropa o productos de desmanchado sin los EPI adecuados, en especial si es alérgico a algún componente.

- Planchar en calandra ropas que contengan productos químicos o de desmanchado.

Actividades prácticas

2.1. Realice la búsqueda de al menos cuatro empresas especializadas en mesas de planchado y planchas manuales profesionales indicando la dirección web. Consulte el catálogo.

2.2. Realice la búsqueda de al menos un proveedor experto y con grandes prestaciones de productos de planchado y que, además, cuente con información útil a disposición de los usuarios.

2.3. Realice la búsqueda de una «ficha de seguridad» de cualquier producto de apresto en aerosol y compruebe que los datos que aparecen son los que exige la legislación vigente.

2.4. Elabore una ficha técnica de doblado de camisa empleando cartón de embalaje, clips, collar y mariposa.

3. Análisis, ejecución y control de los procesos de arreglo de ropa

Contenido

3.1. El arreglo de ropa en el departamento de pisos

El arreglo, contraseñado y confección de ropa en el departamento de pisos se desarrolla en la sección denominada costura.

Hoy en día, la confección de ropa en el propio establecimiento está en desuso, ya que no es rentable por la cantidad de recursos materiales y humanos que se necesitan. En algunos establecimientos que cuentan con personal suficiente, se confeccionan algunas prendas especiales o aquellas que desean personalizarse.

El uso continuado, los productos químicos y los procedimientos empleados en el lavado-planchado hacen que la ropa se deteriore con facilidad. El aprovechamiento de la ropa es fundamental para rentabilizar la inversión, sin embargo, no siempre es posible, ya que en un establecimiento de alojamiento la ropa debe presentar un aspecto impecable.

Las cortinas, fundas de sofás y cojines, etc., también sufren descosidos o roturas que deben repararse de inmediato, antes de que lleguen a quedar inservibles.

Por otro lado, cuando los clientes envían ropa para lavar o planchar, esperan que su ropa sea devuelta en condiciones excepcionales. No se puede devolver una prenda lavada y planchada con un descosido o sin botones. Son muchos los clientes de establecimientos de categoría superior que suelen solicitar el servicio de costura, desde un simple cosido de un botón a un bajo de una prenda nueva o un zurcido de una prenda especial. Es importante contar con los medios adecuados para prestar el servicio.

3.1.1. Organización y funcionamiento del departamento

La sección de costura se encuentra en la lencería del establecimiento. Es una dependencia totalmente independiente y requiere personal experto.

La sección de costura estará controlada por la encargada general del área de lavandería-lencería. Las tareas las realizará el personal de la categoría de camarero de pisos con funciones de costurero/zurcidor.

Antiguamente, y en establecimientos de gran tamaño, existían sastres, costureras y zurcidoras. El zurcido a mano de prendas muy especiales es una tarea que requiere una gran profesionalidad. Contar con una zurcidora dentro de la plantilla no es rentable. Toda encargada del servicio tendrá que contar con personal externo que realice trabajos puntuales de zurcido y, en especial, si es para clientes.

El arreglo de ropa procede de la sección de planchado y/o plegado, que es la que detecta los defectos en la ropa. Dicha sección será la encargada de enviar la ropa a costura tras la supervisión de la encargada general, que es la que tiene que determinar si la ropa debe ser reparada o si hay que darla de baja. En costura se clasificará la ropa por lotes según el tipo de reparación (a mano, a máquina, cosido, zurcido, etc.), dando preferencia a la ropa de clientes.

3.1.2. Local e instalaciones de cosido y arreglo de ropa

El local e instalaciones de arreglo de ropa tienen que reunir las mismas condiciones que el de lavandería y planchado. Lo más importante en esta sección es la iluminación, que, preferiblemente, será natural o con los lux suficientes para desarrollar el trabajo.

3.2. Selección y control de uso de equipos, máquinas y útiles propios de cosido y arreglo de ropa

Los equipos para arreglo de costura se componen principalmente de maquinaria y pequeños útiles. Vamos a explicar los principales a través del siguiente esquema.

- Maquinaria.
  — **Máquinas de coser:** son imprescindibles en cualquier taller de arreglos o costura. Los modelos que existen en el mercado son muy numerosos y variados. Tenemos tres tipos básicos:
    - Las domésticas. Son de uso sencillo. Según los modelos, pueden simplemente coser o hacer otros trabajos más complicados.
    - Las semiindustriales. Realizan todo tipo de trabajos y son las que suelen emplearse en el departamento de lencería de un establecimiento de alojamiento.
    - Las industriales. Se emplean para grandes producciones y para la confección de tejidos especiales.

      Las máquinas semiindustriales tienen una velocidad media de 1000 r. p. m., mientras que las industriales pueden llegar a 2500 o 5000 r. p. m. Pueden ser automáticas o electrónicas. Las más modernas cuentan con brazo libre, pantalla táctil, de veinte a doscientos cincuenta y cinco o más diseños de puntada, ojales automáticos, abecedario y números, cortahílos automático, una o dos agujas, lámpara, etc.
  — **Marcadoras de ropa industriales:** existen muchos modelos y tipos, pudiendo encontrar diversos sistemas de marcaje como láser, micropercusión, codificación y etiquetado.
  — **Otras máquinas:** remalladoras y bordadoras.

- Complementos de las máquinas de coser.

  Los accesorios básicos para las máquinas de coser son: prénsatelas para cremalleras u ojales, canillas, juego de agujas, aceite, destornillador y cepillo para limpieza.

- Útiles y herramientas.

  Los útiles empleados en el arreglo de ropa o costura son muy variados y amplios. Vamos a explicar los básicos en cualquier taller de costura.

  — *Abreojales o descosedor*: es una pieza metálica terminada en doble punta que tiene, en una de ellas, una cuchilla o filo, y, en la otra, una pequeña bola. Sirve para abrir ojales o para descosidos de manera rápida y precisa.

  — *Alfileres:* son pequeñas piezas metálicas similares a las agujas con una punta en un extremo y en el otro una cabeza o bola. Sirven para unir telas o para marcar costuras, a modo de guía, antes de hilvanar o coser. Los hay de distintos tamaños y grosores, según el tejido que tratar, siendo los más pequeños y finos los que se emplean en tejidos finos o normales. Para su conservación temporal y mejor manipulación, se pueden guardar pinchados en alfileteros o acericos.

  — *Alfileteros o acericos*: sirven para colocar alfileres o agujas mientras estamos trabajando. Los hay de muchas clases y formas, hechos de telas o de espuma, rellenos de serrín, etc. Lo importante es que las agujas y alfileres puedan clavarse bien.

  — *Agujas de coser a mano*: son pequeñas piezas metálicas que se componen de un extremo en forma de punta y otro en el que se encuentra el ojal, más o menos redondo, donde se introduce el hilo. Los ojales pueden ser grandes o pequeños. La largura viene indicada por una numeración, siendo el número 12 la aguja más corta y pequeña y el número 1, la más larga. Existen muchos tipos de agujas según la forma del ojal, punta o largura, así tenemos las de punta fina *sharps* (largas) o *betweens* (semilargas), las sastre o apuntadoras que son cortas y con ojo redondeado, las de modista que son largas y con ojo redondo, etc.

    Cada tipo de aguja se emplea para un trabajo de costura y/o tipo de tejido distinto:

    – Agujas largas: para hilvanar, coser lentejuelas o cuentas o para zurcir prendas gruesas.

    – Agujas medias de punta fina: para cosidos y bordados en todo tipo de tejidos.

    – Agujas cortas: para puntadas finas y prietas como los acolchados.

— *Agujas de coser a máquina*: este tipo de agujas tienen el ojal en la punta. El extremo contrario tiene forma de cono para poder ser introducido en la barra de agujas. La más común es la llamada de tronco plano. También tienen distintos grosores, que van numerados del 9 al 20 en el sistema de numeración americana-japonesa y del 65 al 120 en el sistema de numeración europea (diámetro del tronco en centésimas de milímetro), siendo el número 20/120 la aguja más gruesa. La punta puede ser fina, de bola o media bola. Al igual que las agujas de coser a mano, cada una está indicada para un tipo de tejido distinto, así, por ejemplo, las universales de punta ligeramente redondeada son las que sirven para coser todo tipo de tejidos en general:

  – Para tejidos de espesor ligero: son indicadas las de grosor 65/9, 70/10 o 75/11.
  – Para tejidos de espesor medio: las de grosor 75/11, 80/12 o 90/14.
  – Para tejidos de espesor grueso: las adecuadas son las de 90/14 o 100/16.

  Las *stretch* con punta de bola mediana son adecuadas para tejidos elásticos. Las *jersey* con punta de bola mediana y redondeada se utilizan para tejidos duros. Las *jeans* con punta fina y cromado especial sirven para todo tipo de tejidos duros. Existen muchas más clases que no vamos a comentar por la amplitud del tema y por ser de uso especial.

— *Agujas de lana*: son similares a las agujas de coser, pero más grandes y gruesas.

— *Cinta métrica o de modista*: son metros de tela o cualquier otro material flexible que se pueden manejar con facilidad. Tienen numeración en las dos caras y miden aproximadamente 1,5 m.

— *Corchetes:* son piezas de metal compuestas de una pieza macho y otra hembra (forma similar al símbolo de omega) que se encajan entre sí. Van cosidos a la prenda y se utilizan cuando queremos cerrar o unir prendas sin que se vea el sistema de cierre. Los corchetes pueden sustituirse por «automáticos», que tienen forma redonda y están compuestos también por una pieza macho y otra hembra. Los corchetes pueden ser metálicos o de plástico, y se cosen a la prenda por cuatro puntos. Los «remaches» o «snaps» son automáticos que se colocan sin necesidad de costura mediante una pinza o remachadora especial, están compuestos de cuatro piezas, dos de las cuales quedan visibles en el tejido.

— *Dedal*: es un cubilete de metal, plástico o silicona (ergonómicos) que se coloca en el dedo medio para ayudarnos a empujar la aguja cuando estamos cosiendo. Es imprescindible para no dañarnos el dedo.

— *Enhebrador*: es una pieza en cuyo extremo se encuentra un alambre muy fino y cerrado que se introduce en el ojal de la aguja. Introducimos el hilo en el alambre y tiramos del mango pasando el hilo por el ojal. Es muy práctico, pero se rompe con mucha facilidad. Existen modelos automáticos más resistentes que los clásicos.

— *Jaboncillo o tiza de sastre*: está hecho de arcilla y presenta distintos colores. Sirve para marcar líneas de costura y corte.

— *Hilos*: la multitud de tipos de hilos y colores que existen en el mercado es impresionante. Vamos a intentar resumir las clases más comunes para poder realizar la elección idónea.

Según la fibra con la que está hecho el hilo, los encontramos de algodón, seda, poliéster, metálicos, etc. Según la forma de presentación, los podemos encontrar en carretes o bobinas, conos, madejas o hebras *(mouliné)*.

Los hilos pueden ser de distintos grosores que emplearemos de manera equivalente al tipo de tejido para coser. El grosor de los hilos viene indicado por dos números, el primero indica el número de estirajes que ha recibido durante la fabricación, y, el segundo, la cantidad de hebras que lo componen. Así, por ejemplo, el más grueso es el 30/3, el mediano 60/2 y el más fino de todos el 120/2.

Los hilos más gruesos y resistentes son los llamados «torzal» que se usan para ojales, coser botones y sobrepespuntes.

Los hilos de algodón sirven para cualquier tipo de costura básica. Los mejores son los mercerizados. El inconveniente del hilo de algodón es que se rompe con mayor facilidad que el de poliéster. Para coser tejidos de peso medio, utilizaremos un grosor medio. El hilo de algodón para hilvanar es suave, de textura esponjada y de torsión floja, es por ello que se rompe con más facilidad que el resto de hilos. Todos los hilos de algodón tienen un aspecto mate, excepto los mercerizados que son brillantes.

Los hilos de poliéster son más resistentes que los de algodón y tienen un acabado brillante. Sirven para cualquier tipo de costura a mano o máquina donde sea preciso que los hilos cedan. Un grosor medio será el ideal para cualquier tipo de costura. Son más caros que los de algodón. Los de algodón con poliéster son una opción más barata y sirven para cualquier tipo de costura.

Para tareas de bordado a mano, podemos usar hilos de *mouliné* que están formados por seis hebras que se pueden separar y usar según nos convenga, o hilos de perlé que vienen en forma de madeja y tienen más brillo que los anteriores.

— *Imperdibles:* son una especie de alfiler que tiene en uno de los extremos un gancho para guardar la punta. Sirven para sujetar piezas de costura o piezas ya terminadas.

— *Tijeras*: existen las tijeras de tamaño medio con dedales iguales que nos sirven para cualquier tipo de trabajo. Las más pequeñas se utilizan para trabajos de mayor precisión o para cortar hilos y las más grandes, que se distinguen por tener uno de los dedales (pulgar) más grande que otro, se emplean para cortar telas. También existen tijeras de zigzag para cortar telas que queremos que no se deshilachen.

Para realizar tareas de corte podemos usar en lugar de tijeras el cúter para telas o cortahílos.

— *Regla de madera*: de gran longitud, necesaria para medir y marcar líneas de corte.

— *Otro material*: botones, cremalleras, papel de seda y carboncillo, etc.

En un principio la elección de la máquina de coser dependerá del rendimiento que deseemos obtener. Los precios de las máquinas de coser son muy dispares, a mayores prestaciones, mayor precio. Elegiremos un modelo intermedio, ya que posiblemente las tareas de arreglo de ropa que se realicen en el establecimiento sean sencillas. Lo mismo ocurre con las marcadoras de ropa de tipo industrial, quizá con una de tipo «etiquetado» nos sirva para marcar la ropa del establecimiento y la de clientes.

El resto de maquinaria como remalladoras o bordadoras no es imprescindible ni necesaria en establecimientos de alojamiento, ya que cada vez se realizan menos tareas de costura.

Los útiles y herramientas de costura son de coste reducido y, para el buen funcionamiento del taller, es imprescindible contar con todos ellos.

3.2.1. Materiales específicos

Los materiales específicos de arreglo de ropa son los que hemos explicado en el apartado anterior.

Es imprescindible tener al menos una máquina de coser. El resto de útiles y herramientas explicados en el aparatado anterior son siempre necesarios. Es amplia la variedad y clases que existen y mucho más si se tratan de hilos, cremalleras o botones de distintos tamaños y colores. Elegiremos al menos los básicos y los que más uso vamos a dar, como, por ejemplo:

- Hilo blanco y negro para coser.

- Hilo de colores rojo, verde y amarillo para marcar.

- Botones pequeños y blancos para camisas, medianos blancos y negros para ropa de personal.

- Cintas para delantales.

- Agujas y alfileres de tipo medio.

- Corchetes de tamaño mediano.

3.2.2. Análisis y evaluación de materiales, rendimientos y riesgos en su utilización

La elección de útiles y herramientas de costura se hará siempre buscando la calidad de los mismos, ya que, por ejemplo, una mala calidad en los hilos estropea las máquinas, la costura es imperfecta y nos hace perder tiempo. El resto de útiles como las agujas deben tener gran resistencia y punta fina, de lo contrario, perderemos tiempo y corremos el riesgo de dañarnos. Los hilos de costura más empleados se utilizarán en grandes bobinas o conos, puesto que resultan más económicos.

Los riesgos en la utilización de los materiales de costura se centran principalmente en punzamientos o perforaciones con agujas, alfileres, abreojales, cúter o tijeras.

3.2.3. Equipos, maquinaria, útiles y herramientas, mantenimiento de uso y normas de seguridad en su utilización

Todo material de costura que pueda producir un riesgo tiene que mantenerse guardado en su funda o caja.

Cuando empleemos alfileres o agujas, podemos dejarlos pinchados en los acericos, pero, una vez finalizado el trabajo, tenemos que recogerlos y guardarlos en sus cajas. Utilizaremos siempre el tamaño adecuado al tipo de tejido que coser y nunca forzaremos un alfiler o aguja si no se introduce bien en la tela o tejido, ya que pueden partirse. Usar siempre dedal. Desecharemos con cuidado los que no se clavan bien. Nunca coger o colocar elementos punzantes con la boca. Al finalizar la costura, revisaremos con mucho cuidado la prenda para cerciorarnos de que no ha quedado prendido ningún alfiler o aguja.

Las tijeras que no tengan la punta redondeada tienen que permanecer en sus fundas. Durante la manipulación de las tijeras, podemos ensartarlas en cintas y sujetarlas a algún gancho para que, si se caen por accidente, no se nos claven, sobre todo si se encuentran cerca de la máquina de coser. Nunca usaremos las tijeras de costura para otra tarea que no sea la propia, ya que se deterioran con facilidad.

Los abreojales tienen una capucha protectora que debe colocarse al finalizar el trabajo.

Al finalizar el trabajo con el cúter, bajaremos la cuchilla para que quede oculta.

Cortar los hilos con tijera, nunca con los dientes, ya que se deterioran. El hilo de hilvanar se puede cortar con la mano, el resto, y, en especial si es grueso y/o de fibra, puede cortarnos la mano.

La máquina de coser requiere unos cuidados y un mantenimiento preventivo que no revierte mucha dificultad, pero que tienen que ser realizados a diario. A continuación, vamos a explicarlos brevemente:

- Cuando la máquina esté fuera de servicio, mantenerla tapada y cubierta para preservarla de polvo y partículas en suspensión. Siempre que no vayamos a usar la máquina de inmediato, es conveniente colocar un trapo viejo entre los dientes de arrastre y el prensatelas para proteger el mecanismo.

- La aguja tiene que cambiarse cada cuatro horas de trabajo continuado o cuando veamos que está despuntada o doblada, ya que, si se rompe, puede resultar peligroso.

- Cada cierto tiempo, y sobre todo cuando cosamos tejidos que sueltan mucha pelusa, tenemos que limpiarla con un cepillo desmontando la canilla, el prensatelas, el vástago, la placa de aguja y los dientes de arrastre.

- El engrasado de la máquina de coser es una tarea de mantenimiento obligatoria y no muy complicada. Para ello, retiraremos la carcasa y accederemos a los engranajes. Antes de engrasar, hay que limpiar de pelusas las piezas. Insistiremos en aquellas piezas que tienen más rozamiento. Rotaremos a mano la rueda en sentido de la costura para mover los engranajes y que se vayan lubricando. Si la canilla está situada en horizontal, no tiene lanzadera y portacanillas, entonces no engrasaremos el alojamiento de la canilla, mientras que si se sitúa en vertical, sí es necesario engrasar todos los componentes. Es conveniente dejar reposar la máquina para que el aceite actúe bien. Una vez engrasada, y antes de comenzar a coser, hay que limpiar la máquina realizando varios cosidos en trozos de telas en desuso hasta que veamos que la máquina no mancha.

Las normas de seguridad de la maquinaria de costura son las mismas que para cualquier otra máquina eléctrica. Nunca realizaremos tareas de mantenimiento con la máquina conectada a la red. Antes de comenzar a realizar tareas de costura, es conveniente probar la máquina y ensayar con telas viejas hasta que tengamos soltura en los movimientos.

3.2.4. Procedimientos de búsqueda y tratamiento de proveedores

Los procedimientos de búsqueda y tratamiento de proveedores son los mismos que los explicados en los capítulos de lavado y plancha.

Existen muchísimos blogs y tutoriales en la red que son bastante útiles.

Los proveedores de maquinaria de coser suelen ser empresas intermediarias, ya que la mayoría de las máquinas de coser semiindustriales provienen del exterior de España. Estos intermediarios suelen ofrecer también tablas de planchado y cualquier otro material necesario para la costura y arreglo de ropa. Nos aseguraremos de que el mantenimiento y arreglo de la maquinaria esté asegurado con prontitud, al igual que la reposición de piezas.

Siempre es necesario localizar cerca de su empresa un proveedor de material de costura que cuente con un gran surtido. Hay muchas empresas que ya funcionan *online.* Los catálogos se pueden consultar antes de decidir la compra.

3.3. Análisis y evaluación de los sistemas, procesos y métodos de cosido y arreglo de ropa

Los procesos y métodos de cosido y arreglo de ropa son amplísimos. Vamos a explicar, por un lado, los tipos de costura a mano, y, posteriormente, el cosido a máquina. Además, explicaremos el marcado o contraseñado de ropa con costura a mano o máquina y los cálculos de medidas para la confección de la ropa más habitual en un establecimiento de alojamiento.

Cualquier tipo de costura se puede realizar a mano, aunque el tiempo que emplearemos en ello será superior al de la máquina. A veces, y debido a las pocas tareas concretas que tenemos que realizar, no es rentable poner en funcionamiento la maquinaria o la máquina con la que contamos no realiza todas las funciones, es por ello que vamos a explicar los tipos de cosido habituales.

Lo primero que hay que conocer antes de realizar cualquier tipo de corte o costura es saber las partes de las que se compone el tejido. Toda pieza de tela está compuesta de hilo, contrahílo y orillo. La dirección del hilo siempre se sitúa en dirección paralela a los orillos. Los orillos de la tela se encuentran en los extremos y tienen un aspecto distinto al resto de la tela. El contrahílo va de orillo a orillo y cruza de forma vertical al hilo. Las piezas de tela siempre se cortan en dirección

al hilo, excepto las que se emplean para rematar cuellos o sisas que se cortan
«al bies». Cortar al bies es hacerlo en diagonal al orillo.

Puntos básicos de costura

- Hilvanar: consiste en unir dos piezas o marcar un dobladillo o línea de costura mediante puntadas largas (no más de 1 cm) y superficiales. Esta tarea siempre se hace a mano.

- Sobrehilar: consiste en realizar pequeñas puntadas en el extremo de la tela para que no se deshilache.

- Pespunte: es el punto habitual de costura y consiste en ir dando pequeñas puntadas de derecha a izquierda, pinchando la aguja en el punto anterior y sacándola un poco más adelante.

- Punto oculto: se emplea en dobladillos donde no queremos que se vea la puntada. Consiste en ir cosiendo la tela levantando un poco el dobladillo y dando puntadas arriba y abajo cogiendo un solo hilo y sin traspasar la tela.

- Punto visto: igual que el anterior, pero el hilo que se prende en el dobladillo irá a la vista. Coser de izquierda a derecha.

- Punto de festón: se emplea para ojales y se realiza de izquierda a derecha formando una «U» con el hilo.

- Punto escapulario: se emplea para dobladillos que no pueden ser muy gruesos como, por ejemplo, los bajos de los pantalones finos. Este punto nos sirve simultáneamente para sobrehilar y coser. Se realiza de izquierda a derecha y consiste en ir realizando equis con el hilo en la prenda.

- Punto cordoncillo o punto atrás: es el más sencillo de aplicar. Sirve para bordar o marcar ropa. Consiste en ir dando puntadas hacia delante volviendo a la última puntada dejando el hilo a la vista.

- Punto de cadeneta: para bordar o marcar. Consiste en dar un punto hacia delante, sacar la aguja y pasar el hilo por debajo para que al estirar quede como una cadena.

Cosido a máquina

Daremos unas pautas generales, ya que es conveniente seguir las instrucciones de uso de cada modelo de máquina.

- Elegir el hilo adecuado. Podemos usar diferentes colores, pero nunca diferentes hilos para la canilla y la bobina de costura.

- Devanar la canilla con hilo suficiente y colocar en el buje.

- Colocar el hilo de la bobina en la parte superior, pasar por los guiahílos y enhebrar.

- Coger el hilo enhebrado y sujetar. Girar poco a poco el volante de la máquina para que la aguja se introduzca por el orificio de la placa de puntada y coja el hilo de la canilla. Cuando la aguja esté arriba, tirar de los hilos y colocar sobre la placa de puntada en dirección a la costura.

- Seleccionar la puntada, longitud y tensión del hilo.

- Con el prensatelas levantado, colocar la tela y ajustar. Bajar el prensatelas, accionar la manivela para que la aguja se introduzca en el punto deseado.

- Pisar el pedal y comenzar a coser.

Los fallos en el cosido pueden ser motivados por numerosas causas. En el Cuadro 3.1 mostraremos las más comunes.

CUADRO 3.1. CAUSAS DE INCIDENCIAS EN LA COSTURA A MÁQUINA	
Incidencia	Causa
Rotura de la aguja	No se encuentra correctamente colocada. El tornillo o tuerca que la sujeta está flojo. Canilla mal colocada. Nunca forzar el ritmo de cosido, dejar que la máquina transporte la tela. La aguja puede haber tropezado con un alfiler.
Rotura del hilo de la canilla	Canilla mal colocada en el buje. Hilo no apropiado. Canilla defectuosa. Buje atascado.
Rotura del hilo de la bobina (superior)	Aguja defectuosa o mal colocada. Hilo mal colocado o mal enhebrado. Hilo inadecuado al tipo de aguja, demasiado grueso. Hilo demasiado tensado.
Salto de puntadas	Aguja mal colocada. Aguja e hilos inadecuados al grosor de la tela. Hilo de bobina mal colocado.
Pliegues en la tela	Hilvanado incorrecto. Aguja demasiado gruesa. Puntadas muy grandes.
Costura rizada	El hilo y la aguja no son los adecuados al tipo de tejido. El hilo de la bobina está flojo.
La prenda no avanza	Suciedad en el mecanismo. Puntadas muy cortas.
Puntadas incorrectas	Dependiendo donde aparezca la unión de la puntada (derecho o revés de la prenda) tensar la bobina o la canilla.

El contraseñado de la ropa del establecimiento se realiza cuando es necesario saber a qué departamento o partida pertenecen o simplemente reconocer el tamaño que, a simple vista y una vez doblada la ropa, es difícil de distinguir.

En el caso de las sábanas o manteles de tamaño normal, podemos marcar la ropa realizando el cosido de los dobladillos, en una parte no visible una vez puesta la pieza, con distintos colores según el tamaño o con un número determinado de rayas. Así, por ejemplo, si tenemos tres tipos de sábanas, podemos marcar en rojo las más grandes; en verde, las medianas, y en amarillo, las más pequeñas. Los manteles o ropa de tamaños especiales se marcarán indicando las medidas en la parte interna del dobladillo que queda en el extremo superior una vez doblada.

El contraseñado permite un control eficaz de las prendas y facilita el trabajo de clasificación, la colocación de la ropa en los armarios o estanterías y la entrega de ropa.

Por último, tenemos que hablar de la confección de ropa de cama y sala. Aunque hoy en día la ropa se suele comprar ya confeccionada, debemos conocer las medidas correctas y las mermas que se suelen producir para elegir el tamaño adecuado y la calidad adecuada de las prendas. Debido a las altas temperaturas que se alcanzan en los procesos de lavado o planchado y al calor de las secadoras, las prendas suelen mermar después de los tratamientos. Las prendas de algodón grueso, como los muletones, encogen bastante, a razón de un 15 % de largo y un 6 % de ancho. El algodón y el lino suelen encoger aproximadamente un 10 % de largo y un 8% de ancho. Las fibras sintéticas no encogen. Nunca confeccionaremos ni compraremos ropa demasiado justa de medida porque, una vez lavada, podría quedarnos corta.

Si confeccionamos la ropa en el establecimiento y para elegir correctamente el ancho de la tela, tendremos que calcular, además de las medidas de la prenda que confeccionar, lo que ocupan los dobladillos o jaretones y, a esto, sumarle la merma.

En la elección del tejido adecuado para la ropa de cama, tendremos en cuenta la calidad del mismo. El mejor tejido es el de algodón egipcio. Una alternativa más económica es el «percal» que está hecho de algodón o mezcla de algodón y otras fibras, el cual se somete a técnicas de cardado y prensado en el procesado industrial que hace que el tejido pese menos y tenga un aspecto brillante y suave. Si elegimos una opción más económica, tendremos en cuenta que la proporción de algodón y fibras como el poliéster serán del 80-20 o del 50-50 como máximo. Otro factor que hay que tener en cuenta, aunque en menor importancia (muchas veces no es indicador de calidad, puesto que la calidad del algodón depende del largo de la fibra, su grosor y resistencia), es la densidad. La densidad es el número de hilos por pulgada cuadrada. Una densidad media aceptable estaría en torno a los 200 hilos por pulgada cuadrada, mientras que la superior alcanza los 400 hilos o más.

La calidad de las toallas se indica, además de la calidad del algodón, por las características del hilo que se emplea para tejerla y del hilo del rizo. El hilo del rizo americano es de un cabo y el convencional es de dos cabos. La densidad de la toalla se indica en gramos por metro cuadrado. A mayor densidad, mayor calidad. Una toalla de alta calidad debe de tener 800 g/m^2, calidades medias comprenden unos 500 g/m^2.

En el Cuadro 3.2, reflejamos una orientación de las medidas que hay que tener en cuenta para confeccionar o comprar la ropa. Las medidas son aproximadas, ya que siempre buscaremos el aprovechamiento de las piezas de tela.

CUADRO 3.2. MEDIDAS DE ROPA YA CONFECCIONADA	
ROPA DE CAMA	MEDIDAS ESTÁNDAR O INTERMEDIAS
Sábana bajera	Ancho = ancho del colchón + alto del colchón (× 2) + 15 a 20 cm para remeter (× 2).
	Largo = largo del colchón + alto del colchón (× 2) + 15 a 20 cm para remeter (× 2).
Sábana encimera	Ancho = ancho del colchón + alto del colchón (× 2) + 15 a 20 cm para remeter (× 2).
	Largo = largo del colchón + alto del colchón + 15 a 20 cm para remeter + 45 a 60 cm de embozo (incluye jaretón de 5 a 8 cm).
Colcha blanca o de noche	Ancho = ancho del colchón + alto del colchón (× 2) + 15 a 20 cm para remeter (× 2) + 10 cm de margen para cubrir la manta o edredón.
	Largo = largo del colchón + alto del colchón + 15 a 20 cm para remeter + 5 o más cm de margen según se desee cubrir la almohada.
Funda de almohada	Ancho de 45 a 50 cm según medida de la almohada. Largo= largo de la almohada + 15 a 20 cm (× 2) para que cuelgue a cada lado (incluye jaretón).
Funda cuadrante	La medida del cuadrante que suele ser de 60 × 60 cm. Añadir volante o jaretón de 5 a 8 cm a cada lado.
Funda de edredón	Ancho = igual a la medida del edredón. Para una cama de 135 cm el edredón suele tener una medida de 220 cm de ancho.
	Largo = la misma medida que el edredón. Puede llevar sobrante para remeter a los pies (20 a 50 cm). Para cama de 190 cm, el edredón suele ser de 220 cm.
Alfombrín de noche	Ancho = 60 cm Largo = 80 cm

(Continúa en la siguiente página)

CUADRO 3.2. MEDIDAS DE ROPA YA CONFECCIONADA	
ROPA DE BAÑO	Las medidas de la ropa confeccionada son estándar. Suelen variar de un fabricante a otro. Medidas inferiores a las indicadas pueden admitirse en establecimientos de categorías inferiores.
Toalla de bidé o tocador	40 × 50 cm
Toalla de lavabo o mano	50 × 100 cm
Toalla de baño	100 × 150 cm
Alfombrín de baño	40 × 60 cm
Toalla fina de cara	45 × 90 cm
ROPA DE RESTAURANTE	
Mantel	La caída se calcula de 35 a 45 cm Ancho de la mesa + caída (× 2) Largo de la mesa + caída (× 2)
Cubremantel	La caída se calcula de 15 a 20 cm Ancho de la mesa + caída (× 2) Largo de la mesa + caída (× 2)
Mantel cuadrado en mesa redonda	Diámetro de la mesa + caída (× 2) Ejemplo: para una mesa de 80 cm de diámetro necesitaremos un mantel de 170 × 170 cm
Manteles especiales: mesas imperiales y de banquetes	Según las medidas de los tableros y el montaje. Por ejemplo: para montaje de mesa con 2 tableros dobles de 0,90 × 2,00 m y 0,40 m de caída necesitaremos un mantel de 2,60 × 4,80 m
Servilletas	De comida = De 45 × 45 a 60 × 60 cm
	De desayuno o merienda = 40 × 40 cm
	De té = De 20 × 20 a 25 × 25 cm
	De cóctel = De 18 × 18 a 15 × 15 cm
Paños de cocina o menaje	50 × 50 cm
Litos	40 × 80 cm

Ejemplo de confección de una sábana encimera de algodón 100 % para un colchón de 1,00 m de ancho × 1,90 m de largo y alto del colchón de 25 cm.

Ancho = 100 + 25 × 2 + 20 x 2 = 190 cm + 19 de merma = 199 cm. Total 200 cm. (Los dobladillos están formados por los orillos de la tela).

Largo = 190 + 25 + 20 + 2 (dobladillo) + 50 (embozo) + 10 cm (jaretón de 8 cm) = = 297 cm + 29,7 cm = 326,7 cm. Redondeando la cifra podría servir una pieza de 325 cm de largo puesto que hemos calculado 20 cm para remeter. Una vez confeccionada, quedaría con un largo de 313 cm.

Para la confección, necesitaremos una pieza de 2,00 m de ancho × 3,25 de largo.

3.3.1. Aplicaciones de los equipos y materiales básicos

Las aplicaciones de las máquinas de coser son muy amplias, pueden realizar todo tipo de costuras básicas, costura invisible para dobladillos, ojales, cremalleras, remates, letras y números, etc. Su manejo no es complicado pero la persona que la utilice debe tener destreza.

Existe maquinaria para todo tipo de tareas relacionadas con la costura como la *owerlock* o remalladora, la recubridora, la botonera, etc. Son máquinas que se usan en grandes producciones de ropa y para nada rentables en establecimientos donde el volumen de trabajo es pequeño.

Los materiales básicos de costura serán de uso exclusivo para el departamento o sección y sus aplicaciones ya han sido explicadas en puntos anteriores.

3.3.2. Procedimientos de transmisión de órdenes, ejecución y control de resultados

La transmisión de órdenes de trabajo en la sección de arreglo de ropa es igual que en las secciones de lavado y planchado, cada trabajador conocerá sus cometidos y la forma de proceder sin necesidad de estar recibiendo órdenes continuas, para ello es fundamental una buena organización.

Es conveniente organizar espacios adecuados para distribuir la ropa que tiene que ser arreglada. Así, por ejemplo, si en una estantería distribuimos el espacio destinando cada apartado a distintos tipos de arreglos (cosido, repaso, zurcido, etc.) y todos los trabajadores conocen dicha distribución, sabrán dónde depositar la ropa y el operario de costura podrá organizar su trabajo sin necesidad de recibir órdenes directas.

En el caso de ropas de clientes, o cuando el arreglo que hay que hacer es algo más complicado, como, por ejemplo, transformar una pieza en otra de menor tamaño, o para aprovechamiento interno, es aconsejable dar la orden de trabajo mediante un documento escrito para no llevar a equívocos u olvidos. Dicho documento puede ser informal o formal (impreso) y contendrá datos relevantes como breve descripción de la prenda y trabajo que realizar. Para evitar pérdidas o equivocaciones, prenderemos el documento, con un alfiler o imperdible, en la pieza que reparar.

La encargada general del departamento controlará el resultado de las tareas, realizando las acciones correctivas que considere necesarias.

3.3.3. Almacenamiento y distribución de ropa cosida

Una vez que esté cosida la ropa en uso, es posible que necesite un repaso de plancha. Las prendas de clientes tendrán siempre preferencia.

Destinaremos un espacio exclusivo para repasos de plancha y posterior plegado dentro de la lencería. De ahí, pasará al almacén de ropa limpia de lencería, como explicamos en el Capítulo 2.

Algunas prendas que se han ensuciado volverán a iniciar el ciclo de lavado.

La ropa que se confeccione en el establecimiento pasará al almacén de reserva, dando entrada a las unidades.

3.4. Control del cumplimiento de las normas de seguridad e higiene en los procesos de cosido y arreglo de ropa

Como ya explicamos en el Capítulo 1, es obligación de la empresa no solo adopte las medidas de seguridad e higiene en el trabajo, sino que, además, controle el cumplimiento de las mismas. Los trabajadores tienen que colaborar en el cumplimiento de las normas previa formación e información.

Hemos explicado en apartados anteriores los riesgos en la utilización de maquinaria y útiles propios de costura y las normas de seguridad e higiene en su utilización. Nos queda hablar de los riesgos y métodos de seguridad en los procesos que indudablemente están relacionados con el empleo de maquinaria y útiles.

3.4.1. Aplicación de normas, técnicas y métodos de seguridad en los procesos

Los riesgos específicos y las medidas preventivas que deben aplicarse en ciertos procesos de arreglo y confección de ropa, en especial cuando se usa maquinaria, son los que se muestran a continuación:

- **Fatiga postural,** como consecuencia de posturas inadecuadas en la realización de tareas repetitivas y periódicas.

  Medidas:

  — Diseño de los puestos de trabajo conforme a criterios ergonómicos.

— Mobiliario ajustado a las necesidades de cada trabajador:

  – Sillas con relleno en asiento, tapizadas en tejido transpirable y con respaldo regulable en altura. Se recomienda una altura del asiento entre 40 y 53 cm.

  – La altura de la mesa será regulable y nos permitirá que el codo llegue al borde de la misma para que los antebrazos estén bien colocados a la hora de coser.

— Organización del trabajo con intervalos de descanso programados. Se recomienda cada 45 minutos u hora de trabajo realizar una pausa.

— Promover la rotación en los puestos de trabajo.

• **Fatiga visual** derivada de una iluminación incorrecta.

Medidas: iluminación adecuada. Se recomienda 500 lux en zonas donde se requiera esfuerzo visual.

• **Cortes, perforaciones y/o punzamientos** con agujas o cualquier otro elemento empleado en costura, ya sea por falta de mecanismos de protección o por descuidos.

Medidas:

— En máquinas de coser dotar de resguardos que impidan el acceso a las agujas.

— Dotar de tijeras con punta redondeada y fundas para guardar el material punzante.

• Lesiones por **impacto en cara o manos** debido a la proyección de agujas de coser en caso de rotura.

Medida: instalación de pantallas protectoras.

• **Golpes** con los tirahílos de las máquinas de coser o con cualquier útil o herramienta.

Medidas:

— Instalar mecanismos protectores que impidan el contacto con la zona de recorrido del tirahílos.

— Diseño adecuado de los puestos de trabajo para evitar el paso de trabajadores ajenos a la zona.

— Los cajones dispondrán de topes de apertura.

- Peligros de **contactos eléctricos** producidos por fallos en los aislamientos de los cables, por conexiones desprotegidas o por contacto con elementos en tensión de la maquinaria.

  Medidas:

  — Señalización de riesgo eléctrico.

  — Instalación de dispositivos de toma de tierra.

  — Mantener en buen estado de conservación las conexiones del equipo.

  — Instalar medidas de seguridad en la apertura de cuadros eléctricos.

- Peligro de exposición elevada al **ruido** cuando existe mucha maquinaria en el lugar de trabajo.

  Medida: el ruido no superará los 80 dBA, en caso contrario, dotar a los operarios de protectores auditivos.

- Peligro de **incendio** por manipulaciones o actuaciones incorrectas.

  Medidas:

  — No fumar ni manejar productos peligrosos en el lugar de trabajo.

  — Dotar de medidas de extinción adecuadas y formar al personal en materia de prevención y actuación.

- Peligro de **sobreesfuerzo** en la manipulación incorrecta de lotes de ropa pesada.

  Medidas:

  — Formación de los empleados en materia de manipulación de cargas.

  — Dotar de carros con ruedas para el traslado de ropa.

3.4.2. Condiciones específicas de seguridad e higiénico-sanitarias que deben reunir los locales, las instalaciones, el mobiliario, los equipos y el material utilizados

Las condiciones específicas de seguridad e higiénico-sanitarias del local, instalaciones, etc., de la sección de arreglo de ropa, son comunes a las desarrolladas en el Capítulo 1 relativas a la sección de lavado.

A lo largo del presente capítulo hemos desarrollado todo lo relativo a normas de seguridad y prevención de riesgos en los apartados de condiciones de los locales y normas de utilización de la maquinaria y útiles y productos de planchado de ropa.

Como condición específica, diremos que la ventilación, iluminación y espacio adecuado son aspectos muy importantes que deben tenerse en cuenta a la hora de diseñar las instalaciones destinadas a la sección de costura.

Para finalizar, y ya que hemos mencionado la señalización de riesgos, diremos que toda maquinaria que se utilice en el departamento de lavandería-lencería deberá estar dotada de la señalización de advertencia correspondiente.

Las que con asiduidad nos vamos a encontrar son las que se muestran en laFigura 3.3:

Figura 3.3. Señalizaciones de advertencia de riesgo de atrapamiento, de quemaduras por superficie caliente o contacto térmico y de tensión peligrosa.

3.4.3. Prohibiciones

Las prohibiciones en los procesos de arreglo de ropa son comunes a las de lavado y planchado de la ropa. No vamos a repetirlas, ya que sería extendernos innecesariamente.

Actividades prácticas

3.1. Realice una búsqueda en la web de alguna empresa especializada en maquinaria y material de costura cercano a su lugar de trabajo.

3.2. Indique tres marcas comerciales de máquinas de coser tipo semiindustrial y de tipo doméstica.

3.3. Realice una búsqueda en la web de alguna empresa especializada en sistemas de marcaje de ropa de tipo industrial.

3.4. Realice la búsqueda de algún vídeo tutorial de limpieza y engrase de máquina de coser que le sea útil para comprender las explicaciones teóricas.

3.5. Descargue la «Guía para la acción preventiva de talleres de confección» del INST y realice el ejercicio que se propone.

Enlace: http://www.insht.es/InshtWeb/Contenidos/Documentacion/TextosOnline/Guias_Acc_Preventiva/Ficheros/gap_017.pdf

3.6. Calcule el número de litos que podría confeccionar con un metro de tela de 1,60 de ancho aprovechando bien la pieza.

3.7. Realice el siguiente ejercicio: calcular las medidas que deberían tener una sábana bajera y una sábana encimera ya confeccionadas para una cama de 1,80 m de ancho y 2,00 m de largo con una altura de colchón de 30 cm.

Autoevaluación

Realice el siguiente test rodeando con un círculo la respuesta que considere correcta.

1. Se considera lavandería industrial aquella que procesa:

   a) Más de 300 kg de ropa/día.

   b) Menos de 300 kg de ropa/día.

   c) Más de 500 kg de ropa/día.

   d) Ninguna respuesta es correcta.

2. ¿Cuántos kilogramos de ropa sucia de cama y baño se estipula que puede generar de media un cliente de establecimiento de alojamiento de alta categoría?

   a) De 9 a 10 kg.

   b) De 7 a 8 kg.

   c) De 5 a 6 kg.

   d) De 2 a 3 kg.

3. ¿Qué dimensiones debería tener una lavandería-lencería de un establecimiento de alojamiento que genera de media 600 kg de ropa sucia al día?

   a) De 100 a 200 m².

   b) De 150 a 300 m².

   c) De 300 a 400 m².

   d) De 480 a 600 m².

4. ¿Qué temperatura mínima y máxima se aconseja para un local destinado al lavado de ropa?

   a) De 25 a 30 °C.

   b) De 14 a 27 °C.

   c) De 20 a 25 °C.

   d) Ninguna respuesta es correcta.

5. Toda lavandería cuenta con una distribución en planta por secciones. Indique la que mayores dimensiones tiene:

   a) Lavado.

   b) Secado y planchado.

   c) Costura y plegado.

   d) Todas deben de ser iguales.

6. Una lavadora de velocidad de centrifugado media tendrá un factor G igual a:

   a) 400.

   b) 300.

   c) 200.

   d) Los tres factores se consideran medios.

7. La máquina de lavandería que provoca mayor pérdida de celulosa en los tejidos es:

   a) La calandra.

   b) La centrifugadora.

   c) La lavadora.

   d) La secadora.

8. El perborato se usa en los procesos de lavado como:

   a) Desinfectante.

   b) Humectante.

   c) Blanqueante.

   d) Neutralizante de alcalinidad y cloro.

9. Si empleamos agua caliente en el lavado de la ropa, tendremos en cuenta:

   a) El tipo de fibra.

   b) El tipo de mancha.

   c) Si el detergente es enzimático o no.

   d) Todas las respuestas anteriores.

10. Si nos dicen que una lavadora carga 25 kg, significa:

    a) El peso que tendrá la ropa mojada.

b) El peso de la ropa más el agua que carga.

c) Que lava 25 kg de ropa a la hora.

d) El peso de la ropa seca.

11. El mejor método de planchado manual es:

a) En seco.

b) Con vapor húmedo.

c) Con vapor seco.

d) Con vapor saturado.

12. La electricidad estática de las prendas se produce por la acción mecánica de:

a) El lavado y centrifugado.

b) El secado.

c) El planchado.

d) Todos los procesos indicados anteriormente.

13. Cuando en el proceso de calandrado la ropa se pega al cilindro se debe a:

a) Una velocidad de planchado muy lenta.

b) Una temperatura de planchado muy baja.

c) La ropa no está correctamente aclarada.

d) Todas las respuestas son correctas.

14. Para conseguir un lavado óptimo, el agua debe ser:

a) Blanda.

b) Semidura.

c) Dura.

d) Muy dura.

15. El blanqueo de la ropa es:

a) Una fase anterior al lavado.

b) Una fase posterior al lavado y al aclarado y anterior al centrifugado.

c) Una fase posterior al lavado y anterior al aclarado y centrifugado.

d) Una fase posterior al lavado, aclarado y centrifugado.

16. En el lavado a mano de prendas de ropa fina se recomienda la utilización de:

    a) Agua tibia y jabón neutro.

    b) Agua caliente y lejía.

    c) Agua fría y jabón neutro.

    d) Agua tibia y lejía.

17. Todo detergente contiene blanqueantes en su composición, indique el más adecuado:

    a) Hipoclorito sódico.

    b) Percabonato de sodio.

    c) Agua oxigenada.

    d) Cualquiera de los tres es adecuado.

18. Si usamos productos enzimáticos en el tratamiento de ciertas manchas proteicas, debemos tener en cuenta que:

    a) La temperatura que aplicar no debe de ser superior a los 42 °C.

    b) Podemos mezclar el producto con cloro o derivados del mismo para mejorar resultados.

    c) Se pueden aplicar en todo tipo de fibras.

    d) Todas las respuestas son correctas.

19. El empleo de suavizantes en el lavado de la ropa tiene la finalidad de:

    a) Neutralizar la alcalinidad residual.

    b) Facilitar la extracción de agua en el centrifugado.

    c) Suavizar la ropa y facilitar el planchado.

    d) Todas las respuestas son correctas.

20. De los productos químicos que aparecen a continuación, indique cuál se considera neutro:

    a) Esencia de trementina.

    b) Tricloroetileno.

    c) Acetona.

    d) Todos son neutros.

21. El pictograma que aparece en la etiqueta de conservación de una prenda con forma de círculo con una F dentro indica que en el tratamiento en seco o profesional se puede usar:

a) Cualquier tipo de disolvente.

b) Cualquier disolvente excepto tricloroetileno.

c) Únicamente disolventes derivados del petróleo.

d) Agua con disolventes.

22. El lino debe plancharse:

a) Muy húmedo y del revés.

b) Muy húmedo y del derecho.

c) Ligeramente húmedo y del revés.

d) Es indiferente.

23. Las prendas de punto deben secarse:

a) Colgadas en una percha.

b) Directamente en secadora.

c) Extendidas en forma horizontal.

d) Colgadas en una cuerda sin pinzas de sujeción.

24. El benceno es un producto que se emplea en la eliminación de manchas de:

a) Tinta.

b) Sangre.

c) Hierba.

d) Grasa.

25. ¿Cuál de las siguientes fibras es más fácil de tratar a la hora de aplicar técnicas de desmanchado?

a) Naturales de origen vegetal.

b) Naturales de origen animal.

c) Artificiales.

d) Sintéticas.

26. La duración media de las fundas de almohada estimada en número de lavados es:

a) Igual a la de las sábanas.

b) Similar a la mantelería.

c) Superior a las toallas de felpa.

d) Igual a cualquier prenda de cama o baño.

27. De las fibras que aparecen a continuación indique cuál es artificial:

a) Nailon.

b) Rayón-viscosa.

c) Tergal.

d) Todas son artificiales.

28. La fibra de poliéster tiene la característica de:

a) Atraer la suciedad.

b) Ser sensible a la acción mecánica.

c) Cargarse fácilmente de electricidad estática.

d) Todas las respuestas son válidas.

29. Cuando quemamos un trozo de tejido compuesto por celulosa, como, por ejemplo, el algodón, el olor que se desprende en la combustión recuerda al:

a) Papel quemado.

b) Cuerno quemado.

c) Plástico quemado.

d) Olor similar al apio.

30. El hilo adecuado para coser ojales es:

a) El de poliéster de grosor medio.

b) El de bordar a máquina fino.

c) El torzal.

d) El de algodón de grosor medio.

31. Un hilo de coser de algodón normal se diferencia de un hilo de hilvanar porque:

a) El de coser tiene menos estirajes en la fabricación.

b) El de hilvanar es más fuerte.

c) Las bobinas de coser son siempre de mayor tamaño.

d) A igual tamaño, el de coser tiene mayor peso.

32. La reposición manual del agua en el calderín de la plancha requiere tener la precaución de:

a) Llenarlo con agua templada.

b) Esperar a que esté frío.

c) Vaciar antes la totalidad del agua restante.

d) Cualquier respuesta es correcta.

33. ¿Cómo debemos planchar un tejido de algodón?

a) Se plancha húmedo, con temperatura elevada y del derecho.

b) Se plancha húmedo, con temperatura elevada y del revés.

c) Se plancha seco, con temperatura media y del revés.

d) Se plancha húmedo, a temperatura media y del derecho.

34. ¿Qué ancho como mínimo debería tener una sábana bajera para una cama de 90?

a) 1,90 m.

b) 2,00 m.

c) 1,70 m.

d) 1,25 m.

35. Una aguja de coser a máquina del número 80/12 sirve para coser:

a) Cualquier tipo de fibra de espesor medio.

b) Tejidos finos como la seda.

c) Tejidos gruesos.

d) Bordados en cualquier tipo de tejido.

36. Un mantel para una mesa de banquete de 1,60 × 5,60 debería medir:

a) 1,80 × 6,80 m.

b) 2,00 × 6,00 m.

c) 2,20 × 6,20 m.

d) 2,40 × 6,40 m.

37. El sobrehilado se realiza:

a) Para evitar que los tejidos cortados se deshilachen.

b) Para fijar piezas o remates.

c) Unir dos piezas antes de ser cosidas.

d) Para marcar la línea que seguir durante el cosido.

38. Las tijeras que se caracterizan por tener los ojos de diferente tamaño son:

a) Tijeras de coser.

b) Tijeras para bordar.

c) Tijeras de corte.

d) Ninguna de las anteriores.

39. Cuando se plancha la ropa, además de estirarla y eliminar las arrugas, ¿qué otro objetivo se consigue?

a) Desinfectar.

b) Perfumar.

c) Evitar las polillas.

d) Orear.

40. Una toalla de lavabo de 500 g/m² de densidad debe pesar unos:

a) 125 g.

b) 250 g.

c) 500 g.

d) Ninguna respuesta es correcta.

41. La temperatura del local de planchado donde se encuentren máquinas planchadoras-secadoras (calandras) no deberá bajar de:

a) 12 °C.

b) 15 °C.

c) 17 °C.

d) 20 °C.